飞舞的加利娅

芭蕾女神乌兰诺娃成长记

[俄]玛格达琳娜·西佐娃/著

沈灿星/译

山东文艺出版社

图书在版编目（CIP）数据

飞舞的加利娅/（俄罗斯）玛格达琳娜·西佐娃著；沈灿星译.—济南：山东文艺出版社，2023.6
 ISBN 978-7-5329-6712-4

Ⅰ.①飞… Ⅱ.①玛… ②沈… Ⅲ.①乌兰诺娃（Vlanova, Galina1910—1998）-生平事迹 Ⅳ.①K835.125.76

中国国家版本馆CIP数据核字(2023)第081447号

飞舞的加利娅
FEIWU DE JIALIYA

［俄罗斯］玛格达琳娜·西佐娃　著　沈灿星　译

主管单位	山东出版传媒股份有限公司
出版发行	山东文艺出版社
社　　址	山东省济南市英雄山路189号
邮　　编	250002
网　　址	www.sdwypress.com
读者服务	0531-82098776（总编室）
	0531-82098775（市场营销部）
电子邮箱	sdwy@sdpress.com.cn
印　　刷	济南龙玺印刷有限公司
开　　本	880毫米×1230毫米　1/32
印　　张	5.75
字　　数	128千
版　　次	2023年6月第1版
印　　次	2023年6月第1次印刷
书　　号	ISBN 978-7-5329-6712-4
定　　价	35.00元

版权专有，侵权必究。如有图书质量问题，请与出版社联系调换。

作者的话

这本书讲的是俄罗斯著名舞蹈家加林娜·谢尔盖耶夫娜·乌兰诺娃童年和少年时期的故事。

世界各地热爱艺术、尊重艺术的人们都知道她的名字,无论大人还是小孩,都喜欢她。

加林娜·谢尔盖耶夫娜·乌兰诺娃向我讲述了她的童年和她在舞蹈学校学习的岁月。后来我根据她的讲述以及我自己对剧院的一些回忆,写成了这本书。

我想让我的年轻读者们知道,从事这门我们如此热爱、看起来如此轻松快乐、带给人们如此多愉悦的舞蹈艺术需要经历多少困难,是一项多么艰苦的工作。

真正的艺术要求艺术家毕生不间断地、日复一日地劳作,每一位艺术家的生命首先要贡献给他们所追求的创作。加林娜·谢尔盖耶夫娜·乌兰诺娃献身于自己的创作,因此她成为伟大的舞蹈家和卓越的演员,她每次在舞台上出现都给我们带来极大的愉悦。

她小时候的生活是怎样的?哪些经历决定了她一生的底色?她是如何走上艺术之路的?又是如何实现艺术梦想的?……打开这本小书,去探索艺术家的奥秘,去感受艺术的魅力吧!

目 录

第一章　开始了

1. 时间和四季 —— 3
2. 与春天和警察的初见 —— 9
3. 白斯特鲁基 —— 13
4. 性格完全不一样 —— 17
5. 晓尔湖 —— 19
6. 伊凡诺夫之火 —— 23
7. 妈妈的相册 —— 26
8. 第一次看演出 —— 29
9. 开始了 —— 35

第二章　决定坚持下去

1. 骑在爸爸的肩上 ◆◆ 41

2. 第一次分离 ◆◆ 47

3. 没有家，没有妈妈 ◆◆ 49

4. 最后一次尝试自救 ◆◆ 54

5. 决定坚持下去 ◆◆ 61

6. 学校 ◆◆ 64

7. 黑色深渊边缘的"花大姐" ◆◆ 66

8. 坏事变好事 ◆◆ 74

9. 真正的角色 ◆◆ 83

10. 一切都有终结，第一季度也不例外 ◆◆ 86

11. 在拉赫塔的奶奶家 ◆◆ 88

12. 时代更迭 ◆◆ 90

13. 第一次当众表演 ◆◆ 93

第三章　磨炼与斗争

1. 课余活动 ⟵ 101
2. 代数学及其他课程 ⟵ 104
3. 首次遭遇刺人的话语和困难 ⟵ 109
4. 尤苏波夫别墅 ⟵ 112
5. 意外的会面 ⟵ 116
6. 新老师 ⟵ 120
7. 再次来到"儿童村" ⟵ 130
8. 和全国在一起 ⟵ 132
9. 磨炼与斗争 ⟵ 134
10. 发生在白夜里的事情 ⟵ 139

第四章　走自己的路

1. "丑小鸭" —— 143

2. 走自己的路 —— 146

3. 谢谢你，谢利格尔！ —— 148

4. 一切重新开始 —— 149

5. 从《纺织娘》到莎士比亚 —— 152

6. 又一次没有猜中 —— 155

7. 转瞬即逝的幻影 —— 157

8. 伟大的转折 —— 161

9. 数年之后 —— 163

10. 尾声 —— 165

译者的话

第一章　开始了

老人高高地挥动双手——声音海潮般地淹没大厅。加利娅觉得这种声音渗透到她的全身,激起她想跑动想飞的愿望。

1. 时间①和四季

加利娅②很小很小的时候,老是见不到妈妈,爸爸也根本不在家。妈妈请求爸爸带她们出去走走,他常常会说:"我当然乐意带你们出去啰,可就是没有**时间**呀!"

时间是什么?加利娅常常会思考这个奇怪的问题。

照看加利娅的保姆婆婆对爸爸和妈妈感到不满的时候,说的话就更让加利娅听不懂了:"又没有**时间**给孩子喂牛奶啦!也没有**时间**照看小孩睡觉。小孩是需要**时间**照看的。"

有一次,妈妈生病了,家里多了一位陌生的阿姨(带了四只皮箱子)。保姆婆婆在厨房忙活着,轻声说:"天哪!来得真不是**时候**!"

还有一个下雨天的早晨,爸爸放在阁楼的衣服被偷了。保姆婆婆一连几天不断地叹息,重复着说:"哎哟,这是什么世道呀,什么都偷。有什么办法呢?脑筋错乱了!为什么会有这样的**时候**,偷,偷!"

....
① 俄语 время,可以表示时间、时代、时期,其复数 времена 可译为四季、季节。——译注
② 加利娅是苏联著名芭蕾舞演员加林娜·乌兰诺娃(1910—1998)的昵称,后面的故事中她还有几个不同的昵称,如加莲卡、加柳莎等。——译注

于是,加利娅在这时牢牢地记住了:有过这样一个**时候**,大家都偷衣服。

后来出现了"四季"。
爸爸常常说:"玛鲁霞①,你弹一曲吧,弹一曲《**四季**》②!"
妈妈就坐到钢琴前开始弹奏。加利娅永远也听不够这首《四季》。
后来还有更惊奇的事情,奶奶常念叨:"我那**时候**不是这样的……"保姆婆婆也这样说:"我那个**时候**也没有听说过这样的事情!"
这么说,保姆婆婆和奶奶有着自己的**时候**,那是妈妈没有经历过的。而妈妈常常说她什么也没有经历过,难道说她没有自己的**时候**吗?
有一回,天色渐晚,保姆十分担心地走进餐厅,谁也不看,直接停在大钟前。加利娅有点害怕听到它发出的吱吱声。
"您怎么啦,彼得洛夫娜③?"妈妈问道。
"看时间呢!看这钟是走还是不走,我一早就在厨房里发现这钟不走了……怎么办呢?"
"现在六点半。"妈妈说。
"这么说该吃饭了。可你们连给孩子喂点甜食的**时间**都没有。她吃饭时只好看着盘子了!"
为了不让保姆生气,吃饭的时候加利娅完全不去看盘子,而

----
① 玛鲁霞和后面出现的玛申卡,都是加利娅妈妈的名字。——译注
② 指意大利作曲家维瓦尔第的乐曲《四季》。——译注
③ 保姆婆婆的名字。——译注

是看着芥末瓶。那东西大人不让她尝。但是到了晚上，保姆又走到大钟前，看了一眼后说："加莲卡，睡觉的**时间**到了。"

"那你看见他了？"加利娅问。

"谁呀？"

"**时间**呀！你在大钟上看见他了吗？"

"瞧你问的什么呀！"保姆笑了起来，"走吧，我指给你看。"她抱着加利娅来到大钟前。

"你知道这座钟表示什么吗？你看，这是1，这是2……"保姆用手指在表盘上转了一圈，停下来说：

"你看，这是12。"

"然后呢？"加利娅问。

"然后**时间**又重新开始走，12是最后的，它的后面又是1了。你看现在的箭头表示什么？它说你该睡觉了，所有人家里的孩子都睡觉了。"

既然时针这样表示，加利娅不再反对。这么说这大钟什么都知道：什么时候该睡觉，什么时候该吃饭，什么时候可以出去玩……

可后来，加利娅对这大钟的看法完全改变了。那天爸爸吃饭时生气地说，这大钟完全不可信，经常乱跑，有时跑得快，现在又停下来不走了。因为爸爸按照大钟指示的**时间**去参加排练，结果迟到了。

加利娅看着大钟嘀嗒嘀嗒地走着，并没有发现有什么变化。突然，它吱吱地响起来，就好像生气了似的……然后又慢慢地响了几声，加利娅数不清是多少声。反正都一样。不管它响了几声，还是会发出吱吱的声音。大家都知道这大钟在骗人。

有一天晚上,妈妈和彼得洛夫娜一起回来,对爸爸说,可怜的瓦西里·彼得洛维奇什么东西都不需要了。妈妈和彼得洛夫娜乘车走了好长的路才到了医院,但是她们带去的肉汤和果酱已经没有用了……

"一切都结束了!"妈妈叹了口气,"多么有才华的演员,多好的一个人哪,可怜呀,可怜的尤利娅!"

"幸好尤利娅还年轻……"彼得洛夫娜用小手帕擦着眼睛说,"应当把希望寄托在**时间**上!**时间**是最好的医生!"

听了这些话之后,加利娅一动不动地站在大钟前,专心地看着它,看得她眼睛都痛起来,流出了眼泪。

爸爸问:"你在那里看到什么啦?"

加利娅没有回答爸爸这个问题,默不作声地回到自己的房间——从这里她可以看到餐厅,看到墙上的带着两个箭头的大钟。大人们通过它知道**时间**。

时间是最好的医生,那这些箭头是干什么用的?

直到现在,妈妈也总是说,给加利娅治病的拉扎里·达里内奇是世界上最好的医生。加利娅也认为他是最好的医生,因为他的口袋里随时都放着好吃的麦芽糖。他用这糖给加利娅治咳嗽。加利娅甚至玩起了小花招,会在拉扎里·达里内奇来的时候多咳几声,这样就可以得到一整板金色的麦芽糖。

结果是什么呢?

结果是,加利娅弄不懂的"**时间**"竟然比拉扎里·达里内奇还要厉害!

加利娅现在清楚地知道**时间**可以完成一切它想要做的事情。它可以往前走、往后走,也可以跑起来或者站在原地不动,它甚至可以撒谎、可以治病!

这是多么奇妙的东西啊!

大钟的指针沿着针盘不停地跑动。加利娅不止一次地想要数清楚,指针从早到晚,再从晚到早一共转了多少圈,但每次都数不清楚。至于每周能转多少圈,那更是不可能数清楚的。

指针是按照自己的道路跑的,**时间**就是和它们一起跑的。在这跑动中,不知不觉地改变了周围的一切,钢琴上的《**四季**》和窗外、街道上、涅瓦河上、整个城市的**四季**也相互改变着。

现在加利娅明白这是怎么一回事了。"四季"指的是窗外下雨的**时间**,也指的是暗淡的天空弥漫着大雪的**时间**。

有时,妈妈会看着天空说:

"我们的秋天是个难过的季节!"

在度过快乐的乡村生活后,加利娅在秋天被带回城市。爸爸和妈妈的众多客人也都回来了。他们把撑开的湿漉漉的雨伞留在前厅的过道里,坐下来喝茶。

指针不断地跑呀,跑呀。

保姆说:

"加莲卡,让我们迎接严寒和第一场雪吧!"

这就是说一个新的**季节**来到了——冬天来了。它是那么固执和漫长,太阳也很难把它赶走。加利娅只有等到马路上厚厚的冰融化成两条小溪,麻雀开始叽叽喳喳地叫,妈妈和保姆开始把爸爸的皮大衣和皮帽收到木箱里去的时候才能到外面去。

春天不知从什么温暖的地方飞到他们的城市里来,随后到来的是最令人愉快的季节——因为炎热的天气,大家都开始谈论到别墅①或者各地去避暑。

加利娅怎么也记不住这些地方的名称。但她知道，在乡间别墅里会过上比城市里要美妙太多的生活——会忘却城市和街道的存在。

但是他们必须回来——大概是因为**四季**在更替。现在加利娅会自己请求妈妈弹琴给她听。她特别喜欢听那首《雪花》。她甚至很难静静地坐在凳子上听，而是很想跟随这轻盈温柔的声音跳动。有一次她试着这样做了，但妈妈正在专心地弹琴，没有看见自己背后发生的事：加利娅踮起脚，举起双臂，轻轻地走了几步。她感到非常愉快，但是爸爸在前厅按门铃的声音打断了这次练习。

2. 与春天和警察的初见

窗前小花园里的雪昨天才开始慢慢融化，去年留在草地上的黑色斑点逐渐露了出来。今天早晨妈妈拉开窗帘的时候，加利娅爬上小窗台，看见地上有几根嫩绿色的草茎。这些纤细的小草显得那么快乐，好像在愉快地大声告诉大家："看吧，我们也生活在这人世间，活得一点也不比其他生物差。"

---
① 此处的别墅为供俄罗斯城市居民休假避暑的郊外小房子。——译注

"我想出去玩，可以吗？"加利娅轻盈地从窗台上跳下来，问道。

这些窗户对加利娅来说是相当高的，但她把从上面跳下来当作一种乐趣。

妈妈看了一下温度计。

"要多穿些衣服，脖子上一定要围上围巾，冰还没化完。去年这个时候要暖和得多，不光是涅瓦河的冰，拉多加湖的冰也都融化了，甚至都可以穿夏装出门了。"妈妈一边站在镜子前梳头一边说。加利娅正在高兴地穿衣服，听到妈妈说这番话却停了下来：她想知道去年的这个时候到底是什么时候？它什么时候会再来？

保姆已经在催她了，于是加利娅赶紧往前厅跑去。

加利娅脖子上围了围巾，大衣的扣子也全都扣上了。她出门时，妈妈说："在有太阳的地方玩，不要超过一小时。"

加利娅和保姆走下台阶。

春风吹向加利娅的脸，也吹向围巾的末端，像做游戏似的把它卷动起来。加利娅很喜欢刚化冻时土地的气息和吹来的风。她沿着潮湿的长着葱绿小草的路奔跑。

早已超过了一个小时，保姆催促着加利娅回家。但她不想走，她藏起来，在阴影处和太阳照射下的光亮处来回地飞跑。她很喜欢明暗之间的快速变换，正像她喜欢一切事物的运动。她甩开保姆，沿着覆盖着厚实而松软的雪的背阴处奔跑。但是保姆追上来抓住她的手，指着小花园外高高的铁丝网，用一种出人意料的低沉的声音说道："警察马上就会看见你，把你抓走！"

加利娅瞬间就停下脚步，脸上的笑容也消失了，乖乖地跟着保姆来到家门前。但是她的眼睛还停留在铁丝网上,那后面藏着"可怕的警察"呢。

之后在很长的时间里,"警察"对加利娅来说都是可怕的人。

那是一个冬日阳光明媚的早晨。加利娅站在窗边,看着下面的街道,行人、马匹、汽车都在街上行进着。妈妈的两只手紧紧地抓住她。突然,行人、马匹甚至汽车都停止不动了,然后又突然都向后转,迅速地消失了。一队骑兵沿着空旷的街道走来。骑兵的后面跟着一大群穿着笨重皮靴的肥胖的人。他们每个人都佩有军刀,制帽上的帽徽闪闪发光。他们一边走着,一边抬起头喊道:

"别往窗户外看!离开窗户!"

"天哪!"保姆受了惊吓,"这些人干吗这样喊叫?"

妈妈赶紧把加利娅抱离窗户。尽管是在白天,她还是把房间里所有的窗帘都放下来。加利娅藏在房间的角落里,害怕地看着窗户,听着街上传来的声音,吓得直哆嗦。她终于决定悄悄地问妈妈:"妈妈,这些'警察'是什么人哪?('警察'这个词对她来说太难了,所以她说得很模糊。)他们是谁?干什么的?"

妈妈想了一会儿,说:

"他们维持城市的秩序,就这么回事。"妈妈说完后,不知为什么朝保姆看了一眼。

"那为什么大家都怕他们?"

妈妈又沉默了一会儿,说:

"那是因为有时也有很凶的警察。"

"那么有好的吗?"

"当然有好的,小乖乖。还是让我们一起来看画书吧。你怎么完全把《猫儿的家》给忘了,你把这本小画书弄到哪儿去了?"

《猫儿的家》是一本非常有趣的书,它完全吸引了加利娅的注意。

一早就下起了毛毛细雨。已经到了四月末了,拉多加湖的冰块沿着灰色的涅瓦河流淌。所有的迹象都表明夏天很快就要来到。

首先,保姆在大箱子里撒了一些卫生球,箱子里不仅装了皮大衣和加利娅讨厌的棉毛裤,还有暖和的围巾。其次是家里人一直在谈"季节末①的事情"。加利娅理解的"季节末"是很潮湿的,类似雪化冻时那种湿漉漉的感觉。但她很高兴,因为"季节末"马上就要结束了。

最后,也是最主要的,她听到妈妈说:"我们在乡间租了一间度假的房子,我们又要去白斯特鲁基度假了。"

听了这些话后,加利娅是怎么也喝不下饭桌上的这碗汤了!她的脑海里浮现出那美妙的图景:爸爸从水中找到的白色瓦罐,屋外草地上的雪青色铃铛(加利娅常常把它们放到耳边听,想知道当风儿吹动时,这些铃铛是否真的会响)。她和妈妈在带着露水的绿色草叶中找到蓝铃花,还有田间的洋甘菊……凉台有三级台阶,屋顶上方的木藤会随风摇曳。这还不是全部呢!有些地方还有茂密的森林,在森林的旁边有波光粼粼的湖泊,这才是最好的地方,比各种花朵还要好。在清澈透明的湖水里,小鱼飞快游过时激起的波纹会泛出闪亮的蔚蓝色银光。

妈妈简单的一句"去白斯特鲁基",好像让这一切突然间从云雾中浮现。

---

① 此处指冬季即将过去。——译注

加利娅每天都在数着日子过。妈妈在她的小床上方挂了一份特殊的日历,加利娅每天早晨醒来时就撕去一张。

这一天终于到来了,加利娅在这天早晨撕下了日历的最后一张纸。这个"季节末"结束了!

今天是五月一日,玻璃窗在太阳的照射下变得很热,放在窗户边的牛奶变酸了。

"是时候到别墅去啦!"爸爸一边兴奋地说着,一边走进加利娅的房间,给她打开小窗户,"后天我们到白斯特鲁基去。带上你的洋娃娃,她叫什么名字?"

"米莉娅。"加利娅说着,赶紧把洋娃娃藏入大纸盒中。

可是这个夏天,米莉娅的命运却不算好,她一直躺在蓝黑色的纸盒里,只被拿出来了一次,放在花园的长椅上。她被遗忘在那儿整整一个晚上。

3. 白斯特鲁基

光着脚丫的男孩子们在湖岸边踩着松软的黄色细沙来回奔跑。有一个男孩站在没过脚踝的水中注视着从他脚边游过去的鱼儿。他把两只手伸进水中,鱼儿立即飞快地游向四周。男孩笑了起来,转身回到岸上。岸上燃烧着发出微光的小篝火。

"喂，喂！"男孩喊道，"该谁去找干树枝了？我是不想再去了。"

"该伊留沙了，他还没有去过呢。"从岸上传来喊声。

伊留沙是长着一头红头发的男孩，他正费劲地向篝火吹气，听到喊声后不情愿地站起身来。

"你怎么啦？去吧，要不火就灭了。"好几个人催促地喊道。

但是伊留沙站在原地不动，眼睛看着另一面陡峭的悬崖。悬崖的后面是一片古老的松林。

"我害怕……"他终于说话了。但他的话立即被笑声和喊叫声淹没了。

伊留沙站在那儿不动弹，一位瘦削的蓝眼睛"男孩"飞快地跑向篝火，站在伊留沙面前。

"看来你不是一个真正的印第安人！""他"看着面带窘色的伊留沙说。

"是的，不是'真正的'，可那地方黑黢黢的……"

嘲笑的声音没让他说完。

"喂，你是害怕森林吧！"

"算了吧，我送你去。我有弓和箭……但从来没有去过森林……"蓝眼睛的"男孩"安慰地说道。"他"摆弄了一下背着的自制的弓，跑过去沿着悬崖往上攀登。

"加利娅，加利娅，"远处传来喊声，"加莲卡，快点回来，奶奶来了！"

身背弓箭的"男孩"小心地把小木船和纸盒收拾好，然后兴奋地往下跑，边跑边喊："我马上就回来。"

祖母的身体微胖，头发全白了，后脑勺留有一个白发髻。祖母是那么温暖和慈爱，就算是冬天，靠在她身旁也会感到温暖。

"加莲卡，"祖母抱着她光亮的头，亲吻着她蓝色的眼睛，"你这是怎么啦，小乖乖，完全变成男孩子啦。我一直等着要个孙女，却给我送来个孙子！"

"真是这么回事呢！"保姆说，"她玩的全是男孩子们玩的东西，什么弓呀、箭呀，还会点篝火呢。完全不像别的女孩抱着洋娃娃坐在那儿玩。"

"奶奶，我不要做小姑娘。"加利娅坐在奶奶的腿上去拽奶奶发髻上的银制发夹。

"哦，哦，"奶奶笑着说，"那你要做个什么样的人呢？"

"我要当一名水手。"加利娅十分肯定地说。

"当水手，水手，"保姆嘟囔着，"不愧是你爸爸的女儿，他只喜欢在海里航行。"

"我也是妈妈的女儿。"加利娅很快便反驳道。

"反正是更像你爸爸，"保姆抚摸着加利娅短短的头发，细心地掸去她外衣上的灰尘，"你的头发是浅色的，眼睛明亮，还有鼻子，都像爸爸。你妈妈的头发是深色的。"保姆解释后就去准备茶水了。

加利娅小心地从妈妈工作用的小盒子里拿出一把剪刀。

"小水手，你干吗？"奶奶摇着头说，"为什么你要把头发剃得这么短？好吧，剪一点就行了，别给我弄得一点头发都没有了。"

"奶奶，我就剪一点，剪一点点。"

加利娅小心翼翼地剪去奶奶的一绺头发，把它卷成一个软软的小圆圈，然后放进一个小盒子里。她收拾好自己的小舰船，把

它们拿给奶奶看。

"我要当一名水手,"加利娅坚定地说,"我要在所有的海上航行。还要把你也带上!"

"好呀!可是你把我留在岸上吧!"奶奶高兴地笑了,"我不喜欢旅行呀!"

4. 性格完全不一样

第二天早晨,加利娅穿好衣服后站在镜子前仔细地看自己。她让保姆看看她的衣服上有没有脏东西。奶奶从通向阳台的门外伸出头,高兴地喊她:"加莲卡,赶快到这里来!"

奶奶这诱人的喊声中带有一丝狡黠,仿佛是给加利娅备下了巧克力。

加利娅很快便把最后的几颗纽扣扣好,跑到阳台。

她跑到奶奶跟前,双手搂着奶奶的脖子,猜疑地看着奶奶的眼睛。

奶奶的双手是空的,桌子上除了平常的早餐外,也没有什么特别的东西。

"加莲卡,"奶奶的语气中带着慈爱的责备,"难道你没有看见什么吗?"

加利娅回过头来,看见阳台的栏杆旁有一个她没见过的人。这是一个穿着白色连衣裙的小姑娘,头顶两条朝不同方向翘起的小辫子用丝带整齐地系着。她那受了惊吓的大大的蓝灰色眼睛盯着加利娅。

"孙女,这是你的新朋友。她叫达尼娅,同她一块儿到小花园里玩吧!只是别到湖边去,达尼娅是不可以到那儿去的。"

两个小姑娘从阳台的台阶上走下来,相互偷偷看了一眼。

加利娅单腿跳上面朝花园的长连椅。那长椅在一棵大白桦树下的阴影里。

名叫达尼娅的小女孩看了一下加利娅,也同样跳起来,但是她未能跳跃成功。因为加利娅已经坐在椅子上了。小姑娘把自己的连衣裙整理好后小心翼翼地和她并排坐下。

俩人沉默地坐了一会儿。后来加利娅问道:"你叫达尼娅吗?"

"那你叫加利娅?"小姑娘用反问代替了回答。

加利娅没有说话,肯定地点点头,学着房主的儿子瓦西卡那样轻声吹了一下口哨。

"你不是男孩子吗?"达尼娅用怀疑的目光看着自己的新朋友。

"我不是男孩,可是我想做一个男孩。"加利娅从椅子上站起来,"你都喜欢玩什么?"

"我?"达尼娅有点犹豫,继续打量着这个有着一张可爱的脸蛋、穿着上衣和短裤的小姑娘,"我喜欢……我喜欢各种游戏,譬如说和小朋友们玩捉迷藏,给洋娃娃造小房子。"

"你玩捉迷藏?给洋娃娃造房子吗?"加利娅重复着问,觉得自己和这个扎小辫的人之间有着很大的隔阂,"那你玩扮演印第安人的游戏吗?"

"扮演什么人?"达尼娅反问道。

"扮演真正的印第安人,带着弓和箭。他们的皮肤是褐色的,头上插着羽毛。"

达尼娅不作声地摇摇头。

"好吧,那我们就来玩过家家吧!"加利娅叹了口气说。

可是没过一会儿,加利娅不再去追赶达尼娅,她突然从别墅花园的篱笆墙上跳过去,像射出去的箭一般飞快地从斜坡上往下跑。那里有广阔的湖面,是达尼娅不能去的地方。

达尼娅在篱笆墙旁边站了几分钟,看着这个"男孩"远去。后来她才明白这个"男孩"不会很快就回来,她慢慢走回去告诉自己的父母(马林斯基剧院的演员夫妇),住隔壁房子的加利娅离开她跑到"印第安人"那儿去了。

这次不成功的相识就这样中断了。

5. 晓尔湖

微风在湖面上掀起层层波澜。浪花滚滚向前,不停地敲击着沿岸的沙石,最后消失在水岸交接的地方,但后面还有一层一层的浪花接续而来。世上还有什么比这更有趣呢?

爸爸对加利娅说，离白斯特鲁基很远的地方有一片温暖的蓝色的海。那里的巨浪轰鸣般地敲打岸边的岩石，退潮时会带走一些小石块，但一分钟后又会把它们带回来。

爸爸说，还有大洋，它比海更大，根本看不到岸。巨大的海浪比山还要高（他们的别墅就在山上），能把房子那么大的轮船推向浪尖。但是在这些轮船上工作的水手完全不害怕风浪。加利娅觉得，她长大成为水手后，也不会害怕的。而此时此刻，加利娅勇敢地跑向水中，和妈妈一起在炎热的天气里游泳。

湖水是那么地暖和，加利娅真想整天泡在里面。妈妈正在向湖中心游去，已经游了很远，而加利娅光着脚在水中往前走，手里抓着的细小绳子拖着她爱不释手的小舰船。游泳区和小桥之间的水完全是透明的，可以看见水下的小石块有许多是陷在沙中的。

加利娅兴奋地往前跑，离岸边越来越远。她喜欢温暖的水流与自己的双脚亲密接触的感觉。她没有注意到水已经没过她的裤腿，到达她的腰间了。

突然，脚下柔软的沙子不知道流到哪里去了……加利娅感觉湖底好像消失了，脚下空荡荡的。她感觉自己变得很轻，被水托了起来，突然间又变得很沉重，被水拖向湖底。加利娅感到很无助。

加利娅大声喊着妈妈，不久便被水淹没了。在恍惚中，她仿佛看见一只红翅膀的大鸟，它的红色翅膀瞬间腾出水面——她已经忘了，这是穿着红色泳装的妈妈，而那双"红色翅膀"正是妈妈紧紧拉住她的双手。

过了好一会儿，加利娅才意识到这可怕的事情结束了。她被

妈妈抱在怀里往家走。妈妈的眼泪落在加利娅的脸上，湿湿暖暖的。她用自己的小手给妈妈擦眼睛。妈妈说："没什么，没什么，我这是高兴呢。加莲卡，你现在要记住在水中应该要小心。湖毕竟是湖！湖里也会有冷泉，湖中心深不见底，你不知道里面到底会有什么……现在去和洋娃娃玩吧……"

晚上，保姆解开加利娅身上裹着的毛毯，对她说着同样的话。

可是加利娅还是喜欢湖泊。

她不再一个人沿着岸边奔跑，也不再把纸质的舰船队伍放入水中让它们漂流。湖泊仿佛对她展现出全新的美好姿态。她每天都在湖边玩，有时连晚上也去。在一个天空布满星星的温暖的晚上，爸爸带她去捕鱼了。

爸爸和加利娅乘坐一只大木船，他们让加利娅抓住渔网。陪同他们的瓦夏特卡在岸边点燃篝火。

加利娅坐在船上，看着平静的湖面上倒映着颤动的火苗和闪烁的繁星。恍惚间，她感觉他们离岸边越来越远了，木船顺着这条星光大道飘向温暖的蓝色大海，然后又从大海飘向无边无际的大洋……大洋原来和大海一样温暖！加利娅觉得身上越来越暖和。她一直向远处漂呀漂，直到爸爸轻轻地把她喊醒。

"喂，渔夫，睡够了吧，该喝鱼汤了。瓦夏特卡把什么都给你准备好了。"

加利娅不想喝鱼汤，但她有点惊异于眼前的场景——篝火的火苗在轻快地跳动，瓦夏特卡将锅从篝火上端开，火光映照在放在青苔上装着面包和蜜饯饼干的盘子上。她从来没见过这样的场景，恍惚中她从木船上跳下来，向篝火堆跑去，直接用大勺从锅中舀鱼汤喝。她吃完甜点后躺在毯子上,侧身看着幽暗的湖面上正在向她眨眼的星星,竟又一次睡着了。她一觉睡到朝霞升起。

黎明微微的寒意把加利娅唤醒了。爸爸已经站在木船的旁边,十分满意地看着满满一篮子的活蹦乱跳的鱼儿。

"加莲卡,你看这儿!"爸爸高兴地喊道。

加利娅一下子就从睡觉的毯子上跳起来,跑到木船前,看着放在船尾的篮子,感到又欢喜又难过。令她欢喜的是鱼儿闪耀着银子般的亮光,但她也为鱼儿再也不能在凉爽的湖中自由自在地生活而难过。

随后,他们一起沿着平静的水面往回划行。他们头顶上空泛出红霞,木桨撩起的玫瑰色水珠,流入蔚蓝色的湖中。明亮的水流随着木船奔跑,好像在对加利娅说着什么。

6. 伊凡诺夫之火

装满干草的仓库的门被打开了一扇,加利娅就坐在这些草垛上,身旁放着自制的弓箭。从这里可以看见大片的天空。

邻居老教授的儿子伊留沙长着一头红头发,此时正站在光滑的土地上,摆弄着尖头短棒,玩着当地的一种儿童游戏。

令人难受的闷热的下午,乌云遮住天际,慢慢地沿炎热的蓝天移动,向太阳靠近,而太阳此时正徐徐西下。乌云仍朝太阳飘移,透射出玫瑰色的金光,然后完全黯淡下去,变成浅紫色,集聚成浓浓的一团。

从仓库里往外看,一切真真切切。

太阳下山了,天色朦胧,周围十分凉爽……风敲击着门环,闪电划过乌云,隆隆的雷声震得小仓库晃动起来。

红头发小男孩吓得把头钻进草垛里。

但是加利娅并不害怕。雷声和飞快飘移的乌云让她十分开心。

雷声停息了。伊留沙抬起头悄声地说:

"瓦夏特卡说,这是精灵!"

"哪有什么精灵?"加利娅靠近他悄声地问道。

"在乌云里,精灵坐在燃烧的车中。"

加利娅一动不动地看着乌云。天空中再次出现闪电、传来雷鸣。她仿佛看见了燃烧的马车和几匹马,马呼出了一团团雾气;还看见了闪电中拿箭矢的精灵。

这个夜晚还有一个景象使加利娅感到十分惊奇。这是全年最短的一个夜晚,被称为"伊凡诺夫之夜",当晚还会有"伊凡诺夫之火"。加利娅焦急地等待它,尽管她并不知道这火是什么,也不知道它将在什么地方燃烧。

当天空中闪烁着微弱的星光时,地上燃起了明亮的火!在所有的山坡上,无论是在雨后还湿漉漉的绿色草丛中,还是在森林里空旷的地上,都燃起了篝火——伊凡诺夫之夜的篝火。爸爸带着加利娅登上别墅后面的小山,在那里可以将周围的一切尽收眼底。

在昏暗的星空下,到处点燃了篝火,柔软的风儿一吹,这些快乐的火苗跳动着。手风琴拉起来,歌儿也唱起来了。

加利娅一直没有离开小山顶,直到橘红色的火焰逐渐暗淡下来,好像落入土地中。加利娅的眼睛困得睁不开了,头也倒向身旁妈妈的膝盖上。

爸爸抱着她回家了。

雷雨后的空气特别清新。小花园里经过雨水浇灌的花儿香极了。爸爸抱着她经过花坛时,加利娅睁开眼睛,看见了夜间才开的小花,香气十足,十分奇妙。

加利娅轻盈地从爸爸的手臂中跳下来,向小花奔去。

她小心翼翼地围着花坛走了一圈,把脸凑近泛出香气的白色五角星花,随后又跑上凉台的台阶……但是困意使她几乎没了力气,加利娅只能勉强站着。保姆连忙将她抱到床上,还没等到给她盖好被子,加利娅就已经睡着了。

加利娅入睡后很久,绿色的半山坡上还有一些篝火尚未燃尽,花园中仍旧散发着白色小花的香味。

花坛上的白花和紫罗兰开始凋谢了,甚至连淋过秋雨之后的翠菊也蔫了。晓尔湖灰色的水中倒映着灰色的天空,每天早晨加利娅也已经穿上了厚呢子外衣。这意味着秋天到来了,而秋天过后就是冬天了。

冬天干吗要来?

加利娅问了妈妈,也问了保姆,可是谁也没有回答她。不久之后,他们全都回到城里来了。雨雪又开始敲打玻璃窗,凛冽的风从涅瓦河吹来,烟囱发出细微的响声。为什么冬天每年都要来呀!

有时明媚的冬日也很招人喜欢，阳光照在积雪上反射出明晃晃的光，人们可以拉着爬犁，穿着滑冰鞋出去玩……但这一切都不能使加利娅忘却在白斯特鲁基的快活日子。

冬季的封冻使加利娅感到害怕。夏天的时候，水柱不停地流，绿色的树梢在和风的吹动下不停地摆动，蝴蝶和蜻蜓像在谁也听不到的节拍中飞舞。一切都在运动，使人们快乐，唤起人们运动、奔跑、飞翔的愿望。

可冬天却是静止不动的。加利娅怎么也弄不明白，它干吗又来呢？夏天为什么又走了呢？她希望最好再有一次白斯特鲁基的夏日，那充满阳光、绿荫葱郁，还有浪花飞舞的夏日。

但是这一切都结束了。白斯特鲁基流走了，加利娅迎来了充满学习、劳动的新岁月。

再见吧，白斯特鲁基！

7. 妈妈的相册

一直到了深秋，加利娅才被带回城里。

寒冷的雾气从河面上飘来。保姆走到窗户前，紧张地察看外面的云雾，然后放下厚厚的窗帘，将浓雾拒之于外。

天色渐暗，家家户户的灯都亮了起来。保姆把饭菜摆在桌子上，和加利娅一同坐在大沙发上等待妈妈回来。加利娅在翻看妈妈的相册。她对爸爸妈妈的朋友都很熟悉，他们来的时候也非常随意，会围着桌子喝茶，说些有趣的故事。他们在相册里更加美妙动人。保姆和加利娅看到两张莉季娅·彼得洛夫娜的照片，一张穿着黑色的长裙，另一张穿着不知道是什么料子做的小短裙。

"哎呀，莉季娅·彼得洛夫娜，莉季娅·彼得洛夫娜！"保姆显然不能接受她这样的穿着，对着照片摇头说，"妈呀！她这是干什么，全身裸露着！"

可是加利娅却感到很惊喜。莉季娅·彼得洛夫娜的头上有两支细小的羽毛，用漂亮的环扣固定着。最令加利娅惊奇的是莉季娅·彼得洛夫娜只用一只脚站立，另一只脚像多余似的，伸向另一侧。而妈妈的朋友中最开朗的索菲娅·米哈依洛夫娜阿姨的双脚像晓尔湖边的雌山雀一样在空中飘动，一位穿着镶有许多小铃铛的紧身衣服的王子紧紧地抱住她的腰，好像生怕她飞走了。索菲娅·米哈依洛夫娜穿着装饰着许多小花的华丽的短裙，头上戴着一只花环。

爸爸和妈妈也在其中，他们的装束也不寻常。爸爸穿着很短的上衣和短裤，手抱一把吉他，在加利娅的记忆里，爸爸从来也没有演奏过吉他。他们头上戴着她以前从未见过的大帽子。妈妈的手中高高举着几块小木牌，她那深褐色的头发上有一把很大的梳子，白色的花边从头上一直垂到肩上。妈妈的嘴里咬着一枝玫瑰花，头向后仰，一只脚伸向前，微笑着看向镜头，好像在盯着加利娅的眼睛看。加利娅终于明白了，那时爸爸妈妈会穿着舞蹈服，带着吉他和玫瑰花在一个影院里跳舞，直到后来那地方开始放电影才停止。加利娅知道，如果妈妈不去跳舞，他们就无法生活，这意味着炉子里没有煤烧，房间会变得冷冰冰的，意味着妈妈会感冒咳嗽，会双脚潮湿地回家。

如今妈妈的脚不再是湿的了。她穿着鞋跟很高的漆皮鞋高高兴兴地和爸爸一起去排练，回来时经常给加利娅带糖果和甜食。毫无疑问，"排练"是件非常令人高兴的事情。

加利娅知道，在"排练"的地方妈妈也跳舞，此外还在一些学习班里跳舞，然后就忙于各种演出。

"你今天要演出吗？"爸爸在吃饭时问道。

"当然要啰！"妈妈很快回答，匆匆把饭吃完后跑进自己的房间，迅速把丝质紧身裤、一些发光的羽毛、花束等塞进小皮箱里。她嘴里一直在哼唱着，鞋跟和着拍子敲打着。妈妈穿着这样的鞋时，双脚总是不知疲倦地轻盈地挪动着。

妈妈的双脚好像从不会感到累。曾经有一次，保姆在吃饭时说，妈妈要她拿什么东西，可是她给忘了（对保姆来说是常有的事）。

保姆对妈妈说："您就安静地坐一会儿吧！我马上去拿。您的双脚从早跳到晚，一直不停地哒哒响。"

"瞧您说的，彼得洛夫娜！"妈妈愉快地回答，"不跳动的话，我的双脚有什么用处呢？"

还没等保姆起身，妈妈已经迈着轻盈的步伐去了厨房，又返回来了。

"我的天哪！"保姆说，"真是条蜈蚣，这么个飞法，谁也追不上的。"

加利娅惊奇不已："彼得洛夫娜，蜈蚣不是飞，而是跑得飞快！"

加利娅坚定不移地相信双脚是用来奔跑和跳跃的。她对蜈蚣特别感兴趣：如果它的两只前肢感到累了，会用后面的两只，两只之后还有两只……这时加利娅就迷糊了，她还不会数数呢。

很晚了，保姆把加利娅放在床上，给她盖好被子。

加利娅不解地问道："如果它的两只脚跑累了，它还剩下多少只？"

"谁呀？"保姆问加利娅。

"蜈蚣呀！"加利娅说。

估计保姆的数学也不怎么样，她慈爱地笑了笑，用手拉了拉碎布做成的漂亮的被子，叹了口气说："天啊！这孩子是怎么回事？听到点什么事情就记得清清楚楚！"

8. 第一次看演出

妈妈有一次回家时，在自己的房门旁被惊到了，她看见朋友们的所有照片被排列在沙发上，看见加利娅单腿直立在照片前，另一条腿朝上伸起。

过了一会儿，加利娅走到另一张照片前，换了一个姿势，双手弯曲，放在头顶上。

这时妈妈忍不住叫了起来：

"把膝盖挺得直一些。膝盖不能打弯！"

直到这时妈妈才仔细地看清楚，加利娅把她最漂亮的连衣裙穿在身上，头发上别着一束花，那花是从她的盒子里拿出来的。

深夜，妈妈很开心地把这一切说给爸爸听。这时候加利娅已经躺下睡了。

爸爸突然说道：

"是不是该带她去剧院了？让她去看一场真正的演出，你认为呢？"

"带我去，带我去！"加利娅立即从床上跳起来喊道。

加利娅被抱了起来。爸爸妈妈哄她睡觉，给她掖好被子。

早晨刚一醒来，她就跑到爸爸跟前，把他叫醒，问他什么时候带她去剧院。

"我们明天干什么？是星期天吗？"爸爸还没有完全醒来，"好吧，明天我带你去。"

加利娅没有想到，"明天"迟迟没有到来。

这天早晨，加利娅起床，激动地抓住头发。头一天晚上妈妈用小小的纸片给她卷了头发，说这是卷发纸。不出所料，大部分的卷发纸从她过了一个夏天也未长长的短发上脱落了。这对加利娅来说没有什么，可是妈妈显得有些慌乱，她说加利娅的头发真不好弄，一半是"卷发"，另一半不成样子。于是她赶快把烫发钳加热，把加利娅的头发整理好。

加利娅的衣服也穿好了，她卷曲的头发上还系了个蝴蝶结。爸爸已经吃完早饭，可是加利娅的牛奶还未喝。保姆往爸爸的口袋里塞了几块吃的东西，让他们在剧院里给加利娅吃。保姆认为剧院"只会让孩子受苦"。

妈妈早就走了。爸爸带着加利娅来到大广场的一座大楼前。

这楼的外墙刷成了暗色,没看出有什么特别的地方。

许多人涌进这座楼的大厅,他们激动地脱下皮大衣,把钱塞给柱双拐卖小报的人,匆忙朝两边的楼梯跑去。

这种特殊的节日般的激动也感染了加利娅。她觉得,在这座黑暗的大楼里正在发生着很重要的事情。她拖着爸爸往前走,自己的帽子都从头上滑落到一边去了。

可是爸爸不慌不忙地说:

"我们到包厢把外衣脱下来。"他拉着加利娅的手沿着巨大的楼梯拾级而上。

一位表情严肃的老人穿着一件缀着金绦带和闪闪发亮的纽扣的华丽西服,用钥匙打开小门,递给爸爸一个小望远镜,让加利娅走在前面先进去。

加利娅没有察觉爸爸是怎样脱去她的外衣、帽子,让她在松软的蓝色椅子上坐下来的。她看着自己头顶上不知有多高的天花板。天花板上画着各种图案,透明的水晶枝形吊灯和自己童话书中的一模一样。她看到一个大厅,穿着整齐的孩子们沿铺着地毯的过道匆匆走过去,在同样的蓝色椅子上坐下来。

她听到离自己座位不远的地方传来小提琴和大喇叭断断续续的不整齐的声音。爸爸对她说:

"乐队已经准备好了。演出马上开始……"

加利娅看见包厢下面有许多乐师,他们分别坐在小型谱架前面,拿起自己的乐器调试。大概是害怕乐器会出什么问题吧。

但是最大的那个高高竖立的谱架前却是空着的,旁边也没有任何乐器。加利娅仔细地观察着靠近乐谱的那支小小的棍棒。或许这是一支笛子吧？

加利娅向更高处看，她看见了漂亮的幕布，她觉得这张幕布好大呀。她还来不及仔细欣赏，正想着它的后面藏着什么东西（也可能什么东西也没有），枝形吊灯突然渐渐失去亮光，一位身材高大的系着白色领带的白发老人，不紧不慢地走向无人的谱架，拿起"小笛子"，它就是一根小棍子呀！

这当然是根神奇的小棍子啰！

他将棍子高高举起，大厅立即安静下来，连乐师们也屏住呼吸，有的将嘴唇贴近喇叭，有的下颚紧贴小提琴。然后他用小棍子指向左边的什么人，又指向右边，喇叭愉快地回应他。老人高高地挥动双手——声音海潮般地淹没大厅。加利娅觉得这种声音渗透到她的全身，激起她想跑动想飞的愿望。突然间喇叭轰鸣，乐队瞬间停息下来，幕布缓缓升起。

加利娅把身子探在栏杆上，想尽快看到幕布后究竟藏着什么。

幕布完全消失了，啊……加利娅甚至闭了一会儿眼睛，她以为她的眼睛被眼前富丽堂皇的色彩和灯光弄得什么也看不见了。

她的面前，像童话中那样，有个喷泉，绿色的草丛中绽放着花朵。一群穿着各色透明衣服的少女，双脚好像非常轻盈地在舞台上飞舞，她们头发上缀着鲜花和发光的碎片。

她不知道该朝哪里看：看不断喷溢的泉水、穿着玫瑰色小短裙的金发女孩，还是那三个穿着镶满钻片的雪白色衣裙的小姑娘；看山丘上盛开的玫瑰，看那缠满常青藤的门……这时候，一扇大门大大地打开了，一位穿着灰色裙子的女舞蹈家像一只蝴蝶

一样从门外飞进来,她的头上装饰着一绺绺的丁香花,还有一些丁香贴在她那美丽的连衣裙上。她向舞台的中心跑去,踮起脚,像时针那样不停地旋转。这时的加利娅已经看不到任何其他的东西了。她双手向前伸去,快乐地向整个大厅高喊:

"这是妈妈!这是我的妈妈!"

"小声点,是呀,这是你的妈妈。难道这样就可以大喊吗?我们会被赶出剧院的。"

加利娅回过头来,她看见在昏暗的光线中有几个不认识的人正转身朝着她看。但是他们的面部表情并不可怕,只是微笑着。之后,加利娅的眼睛不再离开妈妈,只是惊叹地看着她的每一个动作,直到妈妈在舞台上消失。

舞台上出现了戴着飘逸头巾的一对对舞伴,他们不停地旋转……

可是这一切瞬间就消失了。小提琴停息了,演奏者手中的弓放下来,喇叭也停止了。大幕在掌声中落下,绿色草地和喷泉也很快消失了。

"这是你的妈妈吗?怎么样,她跳得好吗?"坐在隔壁包厢的一位军人笑着问加利娅。

"比谁都跳得好!"加利娅看了一眼相邻的包厢后信心满满地回答。她看见那里有一位扎了许多小辫的小姑娘,她的发辫编成圆圈垂在耳朵旁。

小姑娘看了一眼加利娅,意味深长地说:

"我已经看过好几次我妈妈跳舞啦,可我一次也没有喊叫过。"

加利娅不知道该怎样回答她。这时爸爸出来圆场了,他对这位陌生的小姑娘微笑了一下,说下一回加利娅也不会再喊叫了。

　　演出结束了,高挂在观众席上方的枝形吊灯也熄灭了。

　　他们离开这奇妙的剧场回到自己的家,回到自己普普通通的房间里,回到日常的生活中去。

9. 开始了

　　自从看过那场令人难忘的演出后,加利娅请求妈妈每天晚上都带她去剧院。现在妈妈不得不给她讲有关剧院的事了,连散步的时候也要说。

　　但是他们没有再带她去剧院。不仅如此,每次妈妈去演出时,爸爸总会感到不安。加利娅当然猜不到剧院里到底发生了什么事,像是一场奇怪的梦。那里到底发生了什么事?也许是不好的事吧。因为爸爸一回家就问妈妈在家吗,当他知道妈妈在剧院时,他会变得忧心忡忡,不安地来回走动,直到妈妈回来。每当妈妈按门铃时,他会来到过道,亲自给她开门。

　　"回来了,没事吧?"他问道,"谢天谢地!"说完后他和妈妈一同进入她的房间。

　　他们长久地高声说着什么,加利娅听着听着渐入梦乡。

让加利娅感到奇怪的是妈妈的那些朋友也完全变了。莉季娅·彼得洛夫娜和索菲娅·米哈依洛夫娜也很少谈笑了。她们来的时候常常面带惊慌,相互间说:"马上就要开始了,剧院里大家都惊恐不安。"加利娅回忆起那个拿着魔法棍子的人,但她很快就明白和这人没关系。

有一天晚上,爸爸的一位朋友——谢苗·谢苗诺维奇身穿皮大衣,头戴软帽,走进大家喝晚茶的房间,说:

"看样子开始啦!"

妈妈推开自己的茶杯,紧张地看着谢苗·谢苗诺维奇。

"什么地方开始了,你在说些什么?"爸爸从自己的座位上迅速起身问道。

"桥被封住了。滨河街上有枪声……"

保姆彼得洛夫娜站在餐厅的门槛上。她通常脸色是很好的,这时候却显得有些苍白,说:

"现在正沿着我们这条街不知道往什么地方运大炮,看守院子的人说街上不放任何人通行。"

这天晚上谢苗·谢苗诺维奇没能回家。

一大早街上就有枪击声,窗外有许多人跑过去。

加利娅觉得时间走了好久。但爸爸这次比往常回来得早一点。他走到加利娅跟前,双手把她高高地举起来,说:

"喂,小姑娘,我们将开始新生活啦!一切都要改变。你明白吗?"

"她还不可能明白这一切。"妈妈说道。

而保姆不知为什么感到委屈,拿着盛满开水的茶炊,转过身来轻声地说道:

"新生活！新生活！怎么个新法？不是所有的旧的都是不好的……现在牛奶一点也没有了，拿清汤水喂孩子呀！"

这年秋天保姆明显衰老了，连加利娅都感觉到了。她老忘事，更害怕听到敲门声。

有一天晚上，保姆安顿加利娅上床睡觉。她用头巾把白发包好，身子颤抖了一下。

"天哪！"她伤心地摇着包着的头说道，"又开枪了，什么时候结束啊！"

保姆一直在唉声叹气，直到自己和加利娅都睡着了。

半夜，加利娅被巨大的鼾声吵醒了。保姆从来没有这般打过鼾。

"彼得洛夫娜婆婆。"加利娅轻声地喊她，"别打呼噜，我害怕。"

保姆没有回答，她的头奇怪地歪到了一边。

加利娅光着脚丫，跑到彼得洛夫娜的床前停住了。彼得洛夫娜仰卧着，微弱的蓝色灯光照在她的脸上。加利娅在这光线中清楚地看见，这张她连细小的皱纹都熟悉的脸发生了奇怪的改变：彼得洛夫娜脸色蜡黄，双唇张开、扭曲着，像在忍受着剧痛，喘息声越来越弱了。

加利娅抓起她放在被子外面的手，碰了碰她的脸，惊呆了，她的脸是冰凉的。她不再动弹，渐渐地僵硬了。

这时候加利娅才明白，这就是死亡。这是她第一次见到死亡。

她大声地喊妈妈，从儿童室向妈妈的房间奔去，投入妈妈温暖的、有生气的怀抱中。

保姆不在了，家中却充满与她有关的回忆。保姆非常整洁，爱喝茶，每次安顿好加利娅，就久久地坐在厨房的桌旁喝浓茶。保姆是个爱猫的人，她养着许多只猫。但是比起喝茶、养猫，她最爱的是加利娅，现在加利娅没有保姆陪伴了。

保姆婆婆不在了，她的爱也没有了。

加利娅头一次知道这个可怕的词——"没有"。她常在这个空出来的角落（原先放置保姆床铺的地方），重复着这个词。她很想相信它，但孩童的思维接受不了它。第一次受到伤害的童心由于疼痛而喊叫，拒绝相信这个不可思议的"没有"。

然而这个词现在在家中不断地重复着。

早晨妈妈说：

"今天没有糖了。"

爸爸瑟缩在大衣里，一再地问道：

"我们该怎么办哪，没有柴了。"

可是这完全是两回事：砂糖和柴是会有的，可是害怕发生水灾的保姆，知道许多谚语、常常唠叨、疼爱加利娅的保姆，不会再回来了。

保姆去世了……这是加利娅完全弄不明白的事情，但加利娅以前的生活也随她而去了，这点加利娅是明白的。

现在没有人陪加利娅玩了。爸爸妈妈去排练时，没有人来喂她吃饭；爸爸妈妈在剧院时，没有人来陪她睡觉。妈妈常常不安地说，现在没人可以请到家里来了，连祖母也来不了了：今年秋天她到鲍里斯舅舅、她的大儿子家里住了，离这儿很远的。

"没有人。"妈妈忧伤地对莉季娅·彼得洛夫娜说。莉季娅有时会来同加利娅坐一会儿。这是怎样困难的时期呀！

第二章　决定坚持下去

加利娅的生活完全改变了,但妈妈的脚步声还和以前一样。加利娅朝妈妈跑去,迎接这种声音,迎接妈妈,这是她可以得到的唯一的救助,唯一的保护。

1. 骑在爸爸的肩上

刺骨的寒风从涅瓦河上吹过来,湿润的飞雪敲击着各家的窗户。雪花粘在窗户的玻璃上,似乎透过玻璃将冷气渗了进来。

寒风在没有点燃的小炉子里肆虐。白色的小瓷砖炉灶燃烧后恢复了冰冷。加利娅裹着保姆编织的头巾坐在角落里保姆用过的大木箱上,透过窗户看那可恶的暮色怎样变得更加浓重。加利娅的腿上放着她喜爱的《安徒生童话集》,书中有她喜欢的插图,这些插图她都仔细看过。

往日天色昏暗时,莉季娅·彼得洛夫娜会来点上小酒精炉,为她准备黑麦粥。

可是现在天已经黑了,莉季娅·彼得洛夫娜还没有来。加利娅仔细地听着楼梯的声响:有人来了,走得很快,是高筒套鞋的声音。这些声音在门外停止了。

哦,多高兴呀!是妈妈,不是莉季娅·彼得洛夫娜。妈妈突然回家,要和自己待在一起!

但是妈妈没有把帽子摘下来,她匆匆拿起自己的小皮箱,飞速地把她的一些饰物往里面塞。加利娅知道妈妈和爸爸在某个影院里跳舞演出。

"加利娅，"妈妈说，"快叫醒爸爸，从现在开始我们把你带在身边。莉季娅·彼得洛夫娜不来了，她生病了。"

爸爸很快起床了。加利娅把自己从头到脚都包好，和爸爸妈妈匆忙赶去在城市另一边的影院。

从波克洛夫街到瓦西里耶夫斯基岛，需要沿宽阔的大路，经过一座桥，还要再经过几个广场。迎面刮来刺骨的寒风，加利娅骑在爸爸的肩上，双手抓住爸爸，焦急地希望快点走完这么长的路。她舍不得爸爸用肩扛着她这个"重物"，他还要留心脚下很滑的路面。

影院的入口处挂着两只明亮的灯笼，几个小男孩快乐地跑来跑去，一些成年人从他们身边匆匆而过，穿过人群来到台阶前……

爸爸和妈妈经过一扇小门，走到另一边。加利娅终于从爸爸的肩上下来，妈妈拉着她的手沿着黑暗的楼梯往里面走。

在这小小的房间里，有一只冒着烟的小铁炉。烟雾中好像有一样明亮的红色的东西在闪闪发光。加利娅抬起眼睛，她看到一件红色的连衣裙，穿在一位上了年纪的裸露双肩和脖子的胖太太身上。

这位太太一点也不关心他们的到来。她大张着嘴，唱了一小段音阶"啊——啊——啊"，然后整理了一下腰上发亮的巨大扣环，看了一下炉火是否还在燃烧。

她的身后有一位长着黑眉毛和大胡子的男人，他一只脚踩在凳子上，在轻声调试着手风琴的音调。还有一个人双手伸向火炉，自言自语地说着什么，眼睛始终盯着一个地方看。

他们都在忙着自己的事情，包括那只火炉。

这时，穿着红色衣裙的太太对加利娅的妈妈说：

"您是第二个节目吗？"

"不，是第三个。"妈妈让加利娅坐在火炉旁，她自己走到小屏风后面去换衣服。

烤火取暖的那个人看了加利娅一眼。

"您的女儿？"那人转身问爸爸。

"是女儿。"爸爸回答他，愉快地向加利娅挤了挤眼睛。

"那你把她带到舞台上去，坐在幕布后面，她在那儿什么都能看到。"

加利娅小小的身体坐在一个空盒子上，被放在墙壁和白色麻制幕布之间的狭小空当中。铃声响起，一个身穿燕尾服、系白色领带的穿着拖鞋的人从加利娅身旁跑过去，来到幕布前，高声地宣布：

"第一个节目，演出者是大家喜爱的著名歌唱家喀秋莎·彼得洛娃……指挥，音乐！"说完他转身向伴奏者示意。

听说穿红裙的上了年纪的太太是大家喜爱的人后，加利娅有些吃惊。

但看来观众并没有很欢迎她，当他们"喜爱"的歌唱家唱完，手风琴声停止后，大厅只传来寥寥的掌声。

喀秋莎·彼得洛娃显然很不高兴，因为她下台跑着经过加利娅身旁时生气地喊道：

"这一切只值两千克面粉！"

烘着双手取暖的那个人讲故事获得的掌声大大超过她。

第三个节目，加利娅知道，应该是爸爸和妈妈的演出。她紧张地等待他们出场。

他们当然是最受观众欢迎的人，胖太太女歌唱家没法与他们相比，他们是最优秀的。友好的掌声一直到西班牙舞等待出场时才停息。

演出结束后开始放映电影。加利娅伸着脖子看那高大的银幕，上面有许多巨大的身影在走动。她知道影片放完之后还有观众喜欢的歌唱家和爸爸妈妈的舞蹈演出。加利娅耐心地坐在盒子上，想要弄明白那些巨大的瞬息万变的身影是怎么回事。

她看得太久了。

她的脖子累了。

她坚持不住想睡了。

她不记得自己是怎样闭上眼睛的，她身体发沉，从盒子上滑到了地板上。

爸爸把她从地板上抱起来。

已经很晚了，雪花打在他们脸上，三人从瓦西里耶夫斯基岛经波克洛夫街往回走……

爸爸用长长的围巾把加利娅系在自己身上。加利娅趴在爸爸的肩上。睡梦中她听见了空旷广场上的风声和一个听不懂的词——"寄宿学校"，她多次听到这个词。

"寄宿学校。"妈妈一边叹着气说，一边给加利娅戴好帽子——它已经滑到加利娅的脑袋后头去了。

"这是个难题，麻烦事。"爸爸说，"寒冬即将来临，我们能为小女儿做些什么，怎么办？上寄宿学校才是出路……"

爸爸走到家门口时说："玛申卡，我们该考虑这件事了。"

妈妈也叹了口气。

加利娅已经听不见他们说什么了，她在爸爸的背上睡得很香。

2. 第一次分离

秋日昏暗的早晨,加利娅坐在保姆的木箱上(奇怪,这木箱还是和从前一样,没有区别),看着高大的杨树,它最后的几片叶子早已落光了,几只鸟儿围着这棵树忙活着。加利娅回忆起曾和保姆用面包屑喂过麻雀。

妈妈和爸爸关上餐厅的房门在谈事,已经好久了。加利娅明白,尽管有莉季娅·彼得洛夫娜阿姨和他们在一起,他们还是关上门背着她,也许是因为爸爸还想带她去剧院,妈妈却不同意……

"加柳莎!"爸爸终于打开房门喊她了,"快到这里来!"

加利娅从木箱上跳下来。她跳了几下,让发僵的双脚暖和起来,然后跑进房间。她马上就看见了妈妈哭红的眼睛。莉季娅·彼得洛夫娜抱着妈妈的双肩,在安慰她。爸爸还是老样子,搓着冰冷的双手,在房间里走来走去。

"加柳莎,你现在已经长大了。"妈妈等加利娅在她的腿上坐好后说,"你应该什么都懂了。你看,现在是非常困难的时候,我们再也没有保姆了。"

加利娅难过地点点头。对于"没有"这个词她已经听习惯了,也知道困难是怎么回事了。

"把你一个人留在家里……"妈妈接着说。

但是爸爸突然打断妈妈的话，声音特别大，高兴地替妈妈把话说完。

"一句话，小加利娅，你记得有一次我们带你去剧院，你不是很喜欢那儿吗？"

加利娅的心高兴地跳动了一下。

"你又要带我去那儿吗？"她从妈妈的膝盖上跳下来，高兴地跑向爸爸，紧紧地搂着他的脖子，爬到他的背上去。

但是爸爸没有说"是的"。

"你不是去剧院，加莲卡，是去戏剧学校，去妈妈工作的地方。"他语气坚定，"同妈妈一起去，在那儿好好地学习舞蹈，像妈妈一样跳得那么好。到时候会给你穿上和妈妈一样的丁香花色的裙子，或者，你想要玫瑰花色的？我们大家都去看你。怎么样，高兴吗？"

加利娅的眼睛从爸爸身上转到妈妈身上，又从妈妈身上转到莉季娅·彼得洛夫娜身上，一句话也说不出来。

妈妈的眼睛又充满了泪水。她朝加利娅走去，想要高兴地笑一笑，紧紧地拥抱她。

"没什么，小宝贝，你每个星期天都回家。我们会非常快乐的，我们的生活会比原来的好。只要你好好学习，你是非常非常有才华、乐感很好的孩子。我知道你会进步很快的。你只要努力一点，我们的宝贝！"妈妈说完把加利娅紧紧地抱住，就像有人要把她带走似的。

3. 没有家，没有妈妈

  加利娅还没有完全醒来，睡梦就被刺耳的铃声给赶跑了。也许是妈妈回来了，也许是保姆趿着拖鞋到过道去给妈妈开门？

  加利娅立即反应过来，再也不会有保姆了。不仅家里没有，在任何地方都找不到她了。加利娅睁开了眼睛。

  不，这不是妈妈在按门铃，现在也不是晚上，这里不是他们的家。

  透过窗帘高高卷起的窗户可以看到寒冷的外面。穿过窗户的光线照亮了这个大房间和许多张床铺。枕在枕头上的小姑娘有着用各种颜色的丝带扎着的小辫，头发凌乱地遮住她的面，一双大大的眼睛正专注地看着加利娅。加利娅感受到这强烈的目光，赶紧又闭上眼睛，装着还没睡醒。

  可是这时铃声离得越来越近了。一个陌生的严厉的声音贯穿整个房间。

  "Acht uhr！^①八点了！起床！姑娘们，快点，快点！Schneller^②！"

----

① 德语，到点了。——译注
② 德语，快！——译注

"姑娘们，穿衣服！"有几个孩子害怕地跟着说。二十二双小小的脚丫很快从床上落到地板上。

"到洗澡间去洗澡！"一位瘦削的高个儿太太严厉地巡视四周，大声地命令道。

加利娅在这双不友好的灰色眼睛的注视下很快地穿好衣服。

"只穿睡袍！"那位太太命令道。

过了一会儿，小姑娘们穿着相同的睡袍，跟着高个儿太太匆忙地跑起来。

加利娅饶有兴趣地看着这巨大的装有许多铜质小水龙头的水池。每一个小姑娘都有单独的水龙头。

睡袍根据指令从瘦小的肩膀上滑脱，受冷空气影响，小姑娘们蜷缩着身子打开闪闪发亮的水龙头。

哎哟！冰柱似的冷水突然喷向冻得发青的身体！

加利娅像被烫着了，不由自主地向后退。但是这位严厉太太的大嗓门毫不留情地让她回到可怕的浴池。小姑娘顺从地把双肩伸向"灼人"的冷水。

她觉得在这之前仿佛从不知道什么叫冷。她的双手冻红了，手指弯不了，整个身子都僵住了。像快淹死的人连稻草也要抓，她抓住毛巾，知道今天的"折磨"到此为止了。

管理班级的黄头发太太让姑娘们两人一排地站好。加利娅和那个在卧室里盯着她看的邻铺的蓝眼睛女孩并排。小姑娘还在用那双眼睛直直地盯着她，这让加利娅感到很不自在。加利娅尽量去看别的地方，却与带班太太冷冷的眼神相遇，加利娅不知道该怎么办，只能紧紧地看着地板。

来自德国的带班太太用严厉的目光把加利娅从头到脚看了

一遍。她为什么要这样做呢？因为加利娅的身体实在是太小啦！

"需要好好学习。现在大家快点，快点！"德国太太结束了早晨的训话。小姑娘们急忙沿着宽大的楼梯往下跑。

带班太太总是催促着，她老是觉得一切都进行得很慢。

"各就各位！"餐厅入口处传来她的喊声。

小姑娘们朝高大的雕花椅和摆好餐具的大桌跑去。

这是学校的餐厅哪！在这摆满餐具的饭桌旁，在这困难的时期，人们经受过多少痛苦和失望啊！

加利娅和自己的女伴终于坐下来，早餐马上开始了。

唉，可惜呀！产自德国的小盘子中只放着几片小小的面包，上面撒了一些砂糖。加利娅看了一眼茶杯，杯中是……白开水。加利娅决定马上把自己的那几片面包吃完。这时，她的手突然被另一只小孩的手抓住了。蓝眼睛的女孩快速轻声说道：

"你干什么，你干什么！面包片要切成两半，它立即就变多了，糖在中间会变得很甜的……瞧，这样做！"

她拿起自己的那一片面包快速切开，把两个半片叠在一起，一下子就吃完了。

吃完后她叹了口气说："就这样，还可以把这些小块的面包放在炉子上烤一烤，可是今天我们没有地方了，比我们大一点的人在那儿烤呢……我认识你。"小女孩突然认真地看着加利娅加了一句。

这紧盯着不放的蓝色眼睛和亚麻色小辫让加利娅清晰地回忆起与现在似乎相隔了百年之久的过去那奇妙的日子。在白斯特鲁基的那些日子，晓尔湖、大白桦树下的连椅、身着雪白连衣裙的不懂得印第安人的美妙生活的小姑娘……这一切都存在过吗？

"你叫达尼娅吗?"加利娅问,想起当时自己不理她就跑了,有点难为情。

女孩默默地点头,信心满满地叫喊:"那你就是那个印第安女孩加利娅。"

她一边跑一边对所有的女孩喊道:"现在开始上课啦!"

曾经中断的友谊,现在牢牢地恢复了。当听到妈妈将给她们上课时,加利娅的心高兴地颤动了一下。加利娅的妈妈,她第一次整整一昼夜没有见到的妈妈。

她高兴地等待这次见面。她想哭,又想跳。她满怀期待地看着黄头发的德国太太——她还会喊"快点,快点!"吗?

妈妈从那扇镶有玻璃的大门走了进来。走廊上发出刺耳的铃声……

不,加利娅觉得自己不能在这里等待,这里有那么多不认识的女孩。她飞快地往走廊跑去,紧贴着墙角。她终于看到妈妈了!她朝妈妈奔去,把头藏在她的衣服中大哭起来。

"快别哭,别哭,加柳莎!"妈妈急忙轻声地说,让加利娅抬起头,用自己的手帕替她擦眼泪。"我们每天都会见面的,星期六我带你回家。"

"回家,不再来了?"加利娅高兴地喊道。

"住到星期一。"妈妈微笑着把她带入教室。

教室,这就是教室,又大又冷。

几个小姑娘抓住靠墙的长把杆等待第一声口令。

"第一个姿势!"妈妈说,"做第一个站立姿势!"

二十二双孩子的脚在铺着毛毯的地板上努力整齐地排列着。

课程开始了。

加利娅觉得这课程太难了。她手忙脚乱,应该伸左手,她却伸右手。她听到的不是妈妈向全体学生说的话,而是妈妈用亲切的声音只对自己唯一的女儿加利娅说的话。

妈妈的声音让她想家。加利娅的注意力完全不在课堂上,而是在与泪水做斗争。

下课了。课间休息也结束了。妈妈要到另一个教室去上课,加利娅禁不住大哭起来。

"我还是得去上课呀,加莲卡,明天我们还会见面的。"

妈妈再一次拥抱了加利娅,跑着下楼了,她害怕上另一堂课时会迟到。

这天,加利娅因为哭得太伤心,其他的课都没上。

她坐在窗旁,擦着眼泪,悲伤地看着来来往往的人,直到走廊中那宣告一天结束的铃声止息。加利娅学生生活的第一天结束了。

4. 最后一次尝试自救

晚霞消失了,悬挂在高处的煤油灯灯芯被拧小了。微弱的灯光只能照见一排排小床,枕头上枕着一个个小脑袋。加利娅看着

黑暗的四周，想着许许多多的事情。她想妈妈，想家，想自己的小沙发椅——现在沙发椅上没有人睡了，想着那些大姐姐们在舞台上随着提琴的美妙声音飞过来飘过去……

难道她们也曾经在这间大屋里睡过，用那奇怪的水龙头里的冷水洗澡？她第一次开始明白，将她与美丽的舞台、音乐和灯光分离的这条道路有多难。不，加利娅觉得自己是不可能从这里踏上这条路的。不可能从这里开始，在这陌生寒冷的房间里，而且还要失去亲爱的家和保姆彼得洛夫娜。

窗外天蒙蒙亮。管班级的黄头发太太艾玛·叶果洛夫娜还在自己的床上休憩，头顶的墙上挂满了亲人的照片。扎小辫的和不扎小辫的小女孩们在各自的床上睡觉，她们都还未醒，只有加利娅睡不着。她看了看四周，没有人醒来。邻铺蓝眼睛的小姑娘褐色的卷发支棱着。其他的人被子都盖得好好的。

加利娅坚定而快速地穿上袜子和衣服，把脚伸入高筒的皮鞋，然后轻轻地打开房门朝走廊扫了一眼。

哦，走廊好长啊，在这微弱的光线下它是那么地黑！

她勇敢地走到门外，回头看了一眼，在走廊上跑了起来。

这里是个小空地，是这条宽阔走廊的最后一个拐弯处，已经可以看到下面入口处笨重的大门……在那门的玻璃后面可以看见一条街，街的后面延伸着另一条街。这几条街的后面就是加利娅的家了。到了那里就自由啦！妈妈在那里！加利娅朝妈妈的方向跑去，她要告诉她无论如何自己都离不开家，哪儿也不去，只待在自己的小沙发上，只要一切照旧就好！

她走完最后的几级台阶，被突然出现在眼前的看门人吓得目瞪口呆地站住了。

看门人起初惊奇地看了这小家伙一眼,然后摇着白发苍苍的头。

"哎呀呀,这是怎么啦?你急着去哪儿呀?"

"找妈妈。"加利娅说话的声音勉强能听得见,她觉得身上好像有许多小蚂蚁在爬。

看门人仍旧摇着头责备她。他伸出长满老茧的手抚摸着加利娅的浅色卷发,慈爱但坚定地说:

"去吧,去吧,妈妈在楼上。你要是被抓住了,那是要受惩罚的。你妈妈可能也很想你呢。有什么办法呢,吃个教训吧。"

加利娅离开沉重的大门。她感到很痛苦,她生活中的一切都改变了,从前的生活一去不复返。她缓慢地上楼梯,吞咽着眼泪。

她轻轻地打开房门朝自己那张空床走去。邻铺的卷发女孩姿势不变地安睡着。

加利娅小心翼翼地脱着衣服,她害怕极了。走廊深处传来响亮的铃声,与此同时,艾玛·叶果洛夫娜出现在门口。加利娅慌得鞋也没脱就钻入被中。

"Acht Uhr!到点了!"加利娅头顶响起喊叫声,"姑娘们,穿好衣服!"

艾玛·叶果洛夫娜无情地指挥自己的"营队",准备让它去接受早晨的磨炼。浴衣又一次披在冻僵的身体上。蜷缩在可怕的铜质水龙头下,孩子浑身冻得起了鸡皮疙瘩。

加利娅走进教室,快速溜到门后她已经熟悉的昏暗角落。听,是妈妈轻盈的脚步声。

加利娅的生活完全改变了,但妈妈的脚步声还和以前一样。

加利娅朝妈妈跑去，迎接这种声音，迎接妈妈，这是她可以得到的唯一的救助，唯一的保护。她搂住妈妈的脖子，不让她离开自己。她不断地哭着重复着一句话："回家，回家！"

妈妈看见加利娅挂满泪水的脸，转过身去……是的，妈妈也哭了。但是她很快擦干自己和加利娅的眼泪，慈爱地轻声说：

"加莲卡，别哭了，宝贝！我现在不能领你回家，因为爸爸到萨拉托夫去了，要去三个月。"

"带我离开这里！"加利娅固执地重复着。

"好吧，让我们来商量一下。等到新年，你想想看，就等到新年！到那时，你若还是觉得这里不好，我就带你回家。我们另选一所学校，同意吗？"

加利娅失望地点点头。等到新年，还有一个多月呀！她咽下了不听话的泪水，同意了这个条件。在靠着把杆做第一个姿势时，加利娅的眼泪还是继续往下流，甚至滴到了脚面上。

一位非常瘦小的女孩看着加利娅，她发音不准确，不会发"P"音①，说：

"你把牙粉撒在鼻子上！我每次哭的时候都这么做。"

加利娅惊奇地看着她，把第一个舞蹈动作给忘了。

"鼻子会变得很红的。"小姑娘双手紧紧地抓住杆子向她解释。

各种课程开始又结束。日子一天天开始又结束。铃声响起，宣告一天开始，又宣告夜晚来临。多雾的秋天日日如此。

新生活真是不可思议。加利娅感觉到出现了一些新的情

----
① "P"为俄语中的卷舌音。——译注

况——全身难以忍受的疼痛。

在把杆旁做下蹲动作后，双腿特别是膝盖以上的肌肉发酸疼痛。加利娅瘦小的身体在床上舒缓地伸展着。她开始努力回想：今天她在哪里出了错误？下楼梯时没有摔倒，没有撞到桌子，可是身上有好几个地方痛，简直碰都不敢碰！

"这是肌肉疼啊，小乖乖。"妈妈说，"肌肉还没有得到锻炼，但是经常练习它就不痛了。"

哦，这需要好长时间才能不疼呀！

有一天，加利娅饶有兴趣地观看高年级学生在"中央"的练习（她们已经不需要抓住杆子，可以在教室中央练习复杂的动作）。

加利娅想问她们有过肌肉疼痛吗，但是她没有勇气走向其中的任何人，因为她们是看不起这些小学生的。

她们既快乐又高傲，很喜欢互相谈论新鞋子、新衣服。反正她们是什么也不会告诉加利娅的。

可是加利娅看到那位高年级女生中最快乐的那位，在完成训练后喘着粗气。尽管教室大厅很冷，加利娅却看见她裸露的背上流着汗珠。小小年纪的她明白了要做到这些简单的动作需要付出多么大的努力。

是的，加利娅觉得自己永远也克服不了这些困难。这座陌生的房子永远不会成为自己的家。这里只有寒冷、阴沉和无休止的练功。

在这灰色的云雾中，什么也不懂的加利娅每天早早地跑到阴暗的走廊，在那里的角落等候妈妈，为的就是要拥抱她，说那句刺痛自己和妈妈的心的话。

"带我离开这里！"

5. 决定坚持下去

周六的晚上终于到来。教室墙上挂钟的大指针每走一圈,加利娅心中的快乐也随之增加几分。

最后一节课的铃声终于响彻整条走廊。今天的铃声与以往的声音完全不同,这声音又轻又长。艾玛·叶果洛夫娜用又尖又高的嗓门大声地对她宣布:"可以回家了!"此时的加利娅却觉得她的声音很温和,像吹哨似的,甚至开始喜欢她了。加利娅箭一般地飞下了楼梯,向存衣处跑去。妈妈已经在那里等她。妈妈和她一起走回家,像先前一样,妈妈紧紧地拉着她的手。

街道还是那些街道,房子一点也没有变。瞧,那座房子是她的,是她的家,有两个入口,角落处有灯,是一座褐色的小房子。尽管已经整整七天七夜没有在那里待过,可它一点也没有改变……

妈妈自己用钥匙开的门,没有人来迎接她们。是呀,有谁能来迎接她们呢?爸爸要到春天才回来,而保姆,保姆再也不会回来了。

房间里很冷。加利娅朝自己的小沙发跑去。她的床已经空了好几个晚上了。

妈妈的房间里有一只小小的铁炉子。

"你现在点炉子吗?"

"不一定。"妈妈说，"点炉子之前我要给你一个惊喜。我不想说是什么，最好还是马上给你看。"

"惊喜？"加利娅反问道，"是甜东西吗？"

"不……"妈妈停下来仔细地听着什么，"这是我们家的新成员，它在爸爸的房间里。走，找它去。"

加利娅害怕地看着妈妈。为什么他们家要来新人！加利娅很害怕陌生人，为什么他还要占据爸爸的房间？

"现在它正睡觉呢。"妈妈加了一句话，微笑地看着完全不知所措的加利娅。

妈妈打开房门，把加利娅领到爸爸的沙发椅前，加利娅这才看见在沙发和火炉之间的地毯上有一个黑乎乎的东西。加利娅俯下身，那个黑色的东西发出微弱的叫声。加利娅靠得更近了，她在昏暗中看见有只爪子被纱布缠着的黑色小狗。

小黑狗的故事很简单。它是妈妈在马尔索夫庄园捡到的。当时正下着雨，小狗蜷缩在连椅下轻声地吠着，妈妈发觉小狗受伤了，就把它带回家里来了。

"它会好起来的。它会让我开心，还能看家。"妈妈说着，重新给小狗包扎。小狗名叫马尔西克，这是找到它的地方的名字。

加利娅整个星期日都在为马尔西克忙活了。

晚上加利娅和妈妈坐在小火炉旁。家里没有整块的木柴，只有零星的一些小树枝，像点火柴似的很快就烧完了。小狗马尔西克也在火炉旁取暖。妈妈说小狗可能是在巷战中受的伤，加利娅帮着包扎小狗被流弹打伤的爪子。

她们坐在火炉旁，喝着没有加黄油的麦片粥。加利娅边吃边问："为什么不能再来一点黄油呢？"

"因为我们这里正在打仗。"妈妈说。

"打仗?"加利娅感到惊奇。

妈妈说:"是呀,乖女儿,目前我们很困难。战争时期都是这样。现在革命开始了,一切都会朝着另一个方向前进。"

"革命?在哪儿?"加利娅问。

"在我们的生活里,在各处。加莲卡,革命就是变革,很大的变化。这变化会改变人的一生——所有的人,会改变整个国家、整个民族的命运。"

"那干吗要改变它?"

"因为我们的生活中存在着许多不平等、不好的事情。而人们——最优秀的人,明白再这样生活下去是不行的。那些什么活也不干的人,活得要比那些从早干到晚的人好上几万倍。你想想,这样好吗?"

"不好。"加利娅摇摇头,坚定地回答。

"是这样。但不是所有的人都这样想。富人不想改变自己的生活,因为他们除了自己,不会关心任何人。于是就有斗争:一些人想要一切按新的、公平的方式来运转,另一些人要保留原有的一切。现在我们处于非常困难的时期。没事的,我们很快就能生活得比原来好。不光是我们一家,是所有的人,明白吗?"

"明白。"加利娅沉默了一会儿,回答说。

"现在大家都要忍耐。所有人,就连马尔西克也是。"妈妈说完,轻轻地推了一下马尔西克,它在用鼻子闻麦片粥。也许它并不明白妈妈所说的话。

"怎么啦?"加利娅对着弄了一鼻子麦片粥的马尔西克轻轻地重复说,"马尔西克,我们再忍耐一些时候,好吗?"

马尔西克不作声,只是用小小的舌头去舔加利娅的手,表示顺从和同意。

她们和马尔西克就这样坐在小铁炉旁取暖,直到加利娅和马尔西克都睡着了。妈妈给半睡半醒的加利娅脱衣服,像往常一样给她盖被子,加利娅感到非常幸福。她现在睡在家里,早晨艾玛·叶果洛夫娜不会来叫醒她,把她带到冰冷的洗澡堂去。在这里,妈妈睡在旁边,马尔西克发出鼾声,乖乖地睡在她的脚旁。明亮的月光透过窗户照进来,远处星星在闪烁。

夜里,马尔西克轻轻地呻吟着,大概是在睡梦中触痛受伤的爪子了。加利娅轻声地对它说:

"没什么,马尔西克,让我们再坚持一些时候,好吗?"

6. 学校

清晨,加利娅和马尔西克告别,她俩要一个星期后才能再见。加利娅和妈妈急匆匆地沿着没有尽头的电车道行走。到了今天她才惊奇地发现电车停驶了,只能步行。湿滑的雪在脚下很快就融化了。天空灰蒙蒙的,从涅瓦河上吹来一阵阵刺骨的冷风,脚下的步子向四面八方滑去,风吹得让人喘不过气来……但这一切都可以忍受,最难做到的是忍住不哭出声来。加利娅再一次和自己的家告别,学校台阶上那扇沉重的大门又要关上了。

从这天起,加利娅不再在走廊的拐角处等待妈妈了,她勇敢地和大家一起站在练舞的把杆旁边。当妈妈进入教室时,她立即在迎接她的一双双眼睛中看到了加利娅的眼睛,加利娅尽量微笑着。但是当课程开始时,妈妈没有说安慰她的话,而是对大家说着一成不变的话:"腿部做第三种姿势!……背部挺得直些!膝盖别打弯!"加利娅觉得妈妈把她忘了,她关心的是其他的女孩们,妈妈完全把她给忘了。当她回家时,妈妈会对马尔西克说好听的话,而不是对自己……一想到这里,加利娅的眼泪禁不住滴落在冰冷的地板上。

红头发的女孩有一次在上课时碰了碰加利娅。

"呜、呜、呜!"她轻蔑地说,"都快八岁了,还在把杆旁哭泣!"

"我没哭。"加利娅很快用空出来的那只手把哭湿了的脸颊擦干。

"每天都哭!"红头发的姑娘靠在把杆旁并没有让步,"我一次也没有哭过。我没有妈妈,你每天还能见到妈妈。"

"我哭过三回。"蓝眼睛的小姑娘帮着加利娅说话。

加利娅不好意思地转过身来,感激地向支持她的女孩看了一眼。

从这一天起加利娅和达尼娅成了好朋友,她俩都有点怕那个红头发的女孩艾尔莎。

这个星期加利娅只有一次同妈妈分别时感到特别苦闷、特别忧愁。加利娅对妈妈重复着:"带我离开这里。"

"过了新年吧!加莲卡,你还记得我们约定的吗?过了新年。"妈妈急匆匆地轻声说,拥抱了她一下,消失在走廊里。

在这一周里马尔西克长大了一些,它的爪子很快就好了。

加利娅抱着它朝小火炉走去。炉火烧得很旺,发出烧焦了的蔷薇的香味。莉季娅·彼得洛夫娜用它来给大家烧节日喝的咖啡。

在家中的星期日就这样不知不觉地过去了。加利娅和妈妈又要沿着白雪覆盖的电车铁轨赶往学校。

快要到达学校时,加利娅头一次愉快地想到,达尼娅已经回校了,会在晚上对她说在家里的一天是怎样度过的;她还想到学校的医生,那个脸色红润的老头儿不让加利娅在冰冷的浴池里洗澡。但最主要的是离新年的到来不远了,妈妈很快就会把她从这里带回家。

一想到能选择离开,加利娅的整个校园生活突然被改变了。

加利娅的手和脚已经能跟随节拍精确地上举、轻轻地落下,准确地重复着原先感到困难的动作。

7. 黑色深渊边缘的"花大姐[①]"

这是上午的课间大休息后在节律课上发生的事。一个芭蕾舞

----

① 指瓢虫、甲壳虫,俗名花大姐。——译注

剧导演——一位颇具古典风度的法国小老头儿，突然走进教室，对授课老师恭维一番后，环顾了一下身体轻盈的孩子们，说：

"大家做的下蹲动作都很到位，小脚丫都站得很稳当。加利娅·乌兰诺娃很瘦小，但她很棒，我看到了。"

小老头儿很满意地走了。

这一次突如其来的嘉奖让加利娅很开心。听了他的赞扬，加利娅仿佛也觉得她的腿好像更结实了，她在把杆旁做下蹲的动作更努力了。

就连妈妈在下课时也对她说："很好。"

下一节课是算术课，拖延得没完没了。突然，艾玛·叶果洛夫娜未经敲门伸进头来，然后庄重地走进来，庄重地挺直腰板，大声说道：

"四位小姑娘去参加排练！"

艾玛·叶果洛夫娜手中有一张字条。她将字条凑近自己近视的眼睛，大声地宣读：

"达尼娅！"

大眼睛的达尼娅很快从位置上站起来。

"杜霞……卡佳……"她看了一眼加利娅，"加利娅·乌兰诺娃。"她几乎是严厉地喊了一声，就结束了。

她们四人沿着大楼梯往下跑。加利娅不无骄傲地想，现在她也和爸爸妈妈一样要忙于"排练"了，她甚至知道她要在那里做什么。

今天早晨来到她们课堂的那位法国老头儿正在大厅里等候她们。

"很好。"他说，"现在你们不是小姑娘，是瓢虫花大姐，明白吗？"

她们完全听不懂。

"听音乐！"老头儿接着说。

坐在钢琴旁的音乐老师给她们弹奏乐曲。

"现在随着这乐曲，你们可以稍稍跳动，也要像花大姐那样稍稍爬动。听到喇叭吹响时，你们离开舞台，开始爬行，然后站起身来。好吧，现在开始，一、二、一、二……"

她们在铺着呢子的地板上爬行。

"听音乐！"小老头喊道，"脚要按照节拍蹬动，一、二、一、二，就这样，很好。"

她们爬着，脚蹬动着，直到老头郑重地躬身宣布：

"Mepcu①，谢谢！这一场结束了，下一场明天，六点。"他停下来，看了一眼自己的花大姐。"小加利娅·乌兰诺娃很好，听音乐卡节拍很棒。这场戏星期日上演。"

加利娅永远忘不了这一天的紧张不安！这一天过去了，像一分钟那样飞快地过去了。

窗外已经暗了下来，四个孩子的头紧贴着窗户上的玻璃，焦急地看着窗外。

"姑娘们，Schneller！"艾玛·叶果洛夫娜突然的尖叫声让她们吓了一跳，"快点，快，到前厅去穿衣服！"

她们互相碰撞着沿楼梯下去。有着络腮胡须的白发门卫季莫菲依·伊万内奇今天极为庄重地递给她们皮大衣。

....
① Mepcu，法语 Merci，谢谢！——译注

铺满干草的无座雪橇停在学校的入口处等待她们。一位高个子男人把加利娅抱起来放到柔软的干草上。那上面已经坐了许多人，有小姑娘、小男孩和拿着硬纸板的妇女。

"这是芭蕾舞群众演员！"杜霞·穆列尔悄悄地对她说，杜霞总是什么都知道。"现在车尔尼雪夫桥旁的男孩子们在后面追我们，喊'跳芭蕾的大老鼠'，你不要去管他们，明白吗？"

这是记忆中的那座暗色的房子，爸爸带加利娅来过这里。哦，那是座剧院，那里的楼梯很高，有许多过道、长廊和小走廊，还有许多大房间和门上写着名字的小房间。

负责服装的人员带着各色漂亮的芭蕾舞裙在走廊上跑来跑去。做头发的气味和香水味从理发室开着的门中传出来，理发师急急忙忙地穿梭于各个房间，可以听见他激动的喊叫声：

"纽萝奇卡！纽萝奇卡！快把腰带缝上！玛莎，亲爱的，快点！"

于是纽萝奇卡和玛莎从一个房间飞跑出来，又向另一个房间飞跑过去，在舞裙上飞针走线地缝着。

四位小姑娘被带进一个大房间里。一群姑娘在墙边的镜子前描眉涂唇，在肩上和脸上扑粉。

四位小姑娘不知所措地挤在一起，仔细地端详着这不熟悉的环境。

"雅科夫·彼得洛维奇，这些女孩还未化妆吗？"一位穿着白大褂留着大胡子的人从奔跑中停下来问。

"她们干吗还要化妆！她们不需要露脸！"化妆师雅科夫·彼得洛维奇继续往前跑，还能听见他焦急的声音。

"雅科夫·彼得洛维奇，你看看我呀！"

小姑娘们惊奇地对视：她们的脸该放在哪儿呀？用什么来代替她们的脸？

姑娘们还未从不安中清醒过来，已经有人对她们喊了：

"甲壳虫，穿衣服！"

加利娅生平第一次穿丝质紧身衣。穿上这衣服她活动很方便，她感到很满意。她的脸上戴上了透明的带孔眼的丝质面罩。这就是所谓的"不露面"。

莫非过几分钟自己就能出现在舞台上？那里有闪着美丽色彩的灯光、各种花色的衣服和开花的植物！

"甲壳虫，甲壳虫，快上！"一位身材肥胖的女服装师对着什么人喊着。

这时，加利娅惊奇地看着四张硬纸板做的盾牌，上面画着小斑点，这种斑点夏天的时候她在花大姐的背上看见过。

花大姐，

飞上天，

给我们带来面包！

加利娅在白斯特鲁基时常唱这首歌，也常把花大姐放在自己的手心，等待它突然轻轻地张开自己小小的翅膀飞走。

加利娅回忆起这一幕时，那张大大的硬纸板已经牢牢地挂在她的腰上和肩膀上。

沉重的牌子立即把加利娅固定住，让她几乎动弹不得。加利娅同大家一起小心地下楼，避免碰到栏杆。她仔细地辨认那三个和她一样背着花花绿绿的纸板的小姑娘：达尼娅在哪里？卡佳，还有杜霞在哪里？哪个人也分辨不出来！

但是妈妈，她一下子就认出来了。加利娅习惯地扑向妈妈，想让她抱，但是双手举不起来。

"没关系，乖女儿！"妈妈俯身对着面罩，看见一双惊恐的眼睛，"没什么可怕的！你只要用心听音乐，跟着拍子移动小脚丫！"

她们四人被安排在黑暗的过道里，身旁是画成绿色的——大概是树丛的东西，因为加利娅能看见其中的玫瑰花……但是在这里，她们却显得非常异样……

乐队在某个地方演奏起来。小老头儿芭蕾舞导演的声音在耳边响起：

"当我说一二，你们就走出去，装成昆虫的样子，开始爬行。但是要听音乐！"

加利娅总是能很快地记住乐曲，今天的曲子她甚至能唱出来。不过那是钢琴伴奏的，而这里是整个乐团在伴奏，有喇叭，有小提琴。耳旁听到的乐音好像变样了。

骤然间，友好的掌声把乐队的声音完全盖住了。一大群高年级的女生穿着白玫瑰色的华丽舞裙，从背着厚纸板的小小花大姐身旁穿过，走下舞台，花大姐们带着羡慕和惊喜的复杂心情注视着她们。但是这种心情很快被惊奇和可怜取代了：她们多累呀，这些玫瑰色的"蝴蝶"们，刚才还在舞台上飞舞呢。她们当中有的人气喘吁吁，有的人则直接扑倒在侧幕后面的沙发上。她们挺可怜的，大颗的汗珠从扑了粉的面颊上滴落下来。

太可怜了！她们现在大概不能久站了……加利娅想着想着，

被又一次传遍整个大厅的掌声弄得不知如何是好……导演的助手发出指令，高年级的女生一个接一个地来到舞台上，这时的她们已经面带微笑。加利娅觉得自己真笨，她怎么会认为她们已经累了呢。瞧，她们愉快地双膝一屈，谢幕后飞快挥动着双手和手帕，疲乏地、完全没有笑容地从舞台上下来。

加利娅觉得她听到了小提琴演奏的熟悉的乐曲。这时她听到急促的悄声催促：

"一、二……花大姐上场！从右边上，在那儿趴下……快！"

有那么一瞬间加利娅忍不住想看一下这美丽明亮的舞台，她睁开眼睛看了一眼……

加利娅的眼前是一个巨大的深谷。这深谷静悄悄的，却充满生气，这里坐满了人。在这黑色深谷的边沿挂着一只明亮的灯笼，上面写着："安全出口"。

由于害怕及背后厚重的牌子，加利娅在这可怕的吹出热气的洞口前扑通一声摔倒了。她紧闭双眼，在舞台上的小小角落里爬行着。她极其困难地从仿佛从梦境中传来的乐声中分辨出熟悉的乐曲，心越跳越快。她眯缝着眼，在沉重的牌子下疲惫地慢慢移动着瘦小的双脚，但它们依旧依照节拍移动和爬行。

音乐停止了，大厅响起一片掌声，大幕落下，紧接着又升起，又落下。

但是这只小小的花大姐依旧停留在那里不动。

身背纸板很容易就扑通倒在地上，要站起来是很困难的，力量不够。加利娅躺在那里，直到一双有力的手把她拉起来，让她站好。一名舞台工作人员愉快地说道：

"好吧，现在站起来，爬回家去吧！你这只小昆虫，你赢啦！"

8. 坏事变好事

天气冷起来了。窗外潮湿的雪已经结成冰块,而且越来越结实。学校的大卧室一天比一天冷,爸爸的毛皮大衣在夜里帮助加利娅御寒。姑娘们穿着轻薄的练功服,只有在下课时,温暖的护膝才从腿上脱下来。而这个时候,上课前洒落在地板上的水已经结冰了。

新年临近。有一天早晨,加利娅觉得额头很烫,她全身疼痛,双脚也不听艾玛·叶果洛夫娜的指挥,盖着被子动弹不得。

艾玛·叶果洛夫娜走近她,停在她的床边。

"这是怎么回事?"

"我全身疼……"

"舌头!"艾玛·叶果洛夫娜简短地命令道。

加利娅赶快伸出舌头。

"现在让我摸摸头……头很热。起来吧,到萨莎大婶那里去!"

大家叫亚力山德拉·弗拉基米洛夫娜为萨莎大婶。她和一位脸色红润的年轻医生在卫生室工作。

加利娅费力地穿好衣服。她眼前飘浮着浅红色的云雾,双脚发抖。加利娅显然是生病了。

身材高大、满头银发、总是乐呵呵的萨莎大婶检查了加利娅之后,说了同样的话:

"小姑娘,你留在我这里吧。我在头等病房给你找一张床位,靠近窗口,比较舒适,怎么样?我知道你们都喜欢靠近窗户,能够仔细地看见在外面的好朋友。"

萨莎大婶身上有股暖意,还有好闻的肥皂香气。她慈爱地拍拍加利娅的脸颊,愉快地朝走廊喊道:

"斯捷莎大婶,你赶快来把她带去安顿好。过一小时我们来查房。"

与女孩睡觉的那间卧室相比,这里是那么暖和,因为卫生室里一直生着炉火取暖。阴冷的光透过大大的玻璃窗一直照到屋角的床上。

加利娅刚刚躺下,触碰到微微发凉的枕头,立即感觉自己仿佛陷入温暖的洞中。她注意到,冬日的阳光照到屋内,对面角落的床上金色的头发在闪闪发光。其他的事她已经分不清楚了,羸弱的她发着高烧,在暖和的梦境中慢慢地浮向什么地方。

她被说话声吵醒了。他们对着她大声说道:

"现在让我们来检查一下!"

说话的是米哈依尔·伊凡诺维奇医生。加利娅不愿意睁开眼睛。

"我认为没有什么危险,是普通流感。"

萨莎大婶说着,用手去摸加利娅的额头。

"可别是肺炎呀!"第三个人说。

加利娅听她这样说,立即睁开眼睛,快乐地喊道:

"妈妈！"

真的是妈妈来了。

"好吧，既然能这样喊叫，说明一切都好。"萨莎大婶平静地说，和医生一起给加利娅做听诊和各种部位的叩诊。

诊完，米哈依尔·伊凡诺维奇和萨莎大婶安慰受到惊吓的妈妈，并给加利娅开了药。告别时，脸色红润的米哈依尔·伊凡诺维奇医生握了握加利娅滚烫的手，肯定地说：

"很快就会好的。但现在，小家伙，得卧床和休息……"

"她实在是太瘦了，好像被蚊子吸没了血！她应该去农村待一段时间，呼吸新鲜的空气，养养身体。"萨莎大婶说完，朝另一张病床走去。

"夏天我会带她去拉赫塔。"妈妈说。她坐在加利娅身旁，给她把被子掖到下巴上。

"到奶奶那里去吗？"加利娅激动地喊起来。

"奶奶一回家，我们就去。好了，现在安静地躺着。我可以在你这里坐上整整十分钟。"

妈妈坐在她的床边，加利娅再次慢慢进入梦乡。

当加利娅睁开眼睛时，已经是夜里了。墙壁被街灯的光照成蔚蓝色，和透过窗户照进来的月色交织在一起。

加利娅慢慢地挪动双脚到小桌子前去喝水，对面角落里的那张床上传来极其微弱的啜泣声，那一床被子把一个小小的身体连头到脚都盖上了。加利娅回过头来轻声地问道：

"你为什么哭呀？你什么地方疼？"

加利娅不清楚她问的人是谁，但是不能不关心是谁在那里哭泣。

"你哪儿不好受?"她声音大了一点问道,"是头痛吗?"

但是被子下一点动静都没有,也没有人回答她,空荡荡的病房中一片寂静。加利娅只好回到床上睡觉。睡梦中她感觉有一位身穿白大褂的人,是看护员斯捷莎大婶,她俯身对着那张床,轻声地说:"阿霞,不能哭,不能哭。你要哭的话,身体会更糟的。"

一切归于平静。

"我的小椋鸟们在哪里呀?"米哈依尔·伊凡诺维奇早上走入病房时大声问道。"好呀!好呀!"看了斯捷莎递给他的单子,他赞叹地喊着,"体温降下来了,明天还会往下降……这是什么?"

米哈依尔·伊凡诺维奇向另一张病床走去。加利娅好奇地往那边看,她看到一张愁眉苦脸的娃娃脸。

"阿霞,高兴点。你很快就可以回家去啦!"

娃娃脸默不作声地将脸转向医生,微微地笑了一下。医生抚摸了一下她那满头的金发,离去了。

晚上,街灯熄灭了,窗外一片漆黑。妈妈在黑暗中回家去了,去找小狗马尔西克。他们现在在一起,而加利娅则是一个人……

但是孤独并没有持续多久。

电灯亮起来时,一大群小姑娘来探望生病的加利娅。斯捷莎大婶很快就让她们都回去,只留下了一位。

达尼娅坐在床边,快活地看着加利娅,宣布道:

"星期日之前你必须康复!一定!你得保证!"

"星期日会有什么事呢?"

"不告诉你。"

"好了,你就说吧!请你告诉我!否则我一晚上都会想着。"

"那你猜猜看!"

"我怎么能猜得着呢?"

达尼娅责怪地摇摇头,停了一会儿,庄重地说道:

"给我们分派角色啦!明白吗?给我们分派真正的角色!"

"哦!"加利娅一下子从床上坐起来,"你在说什么呀?"

"我对你说真话!我们俩要演出,还有卡佳、艾尔莎也演出。还有杜霞——全部!我们得到角色啦!"

"那是怎样的角色,你快说!"

"在《白雪公主》中扮演鸟儿。"达尼娅骄傲地说。

加利娅的心怦地一跳。

"那我们该做些什么呢,这很难吗?"

"什么也不做。一点也不难。我们将扇动着翅膀,围着'春天'奔跑,就这样。星期日让我们看这出戏。杜霞还会给你演示,怎样从肥皂中搅起泡泡来,她说……"

"够了,够了!"斯捷莎大婶在达尼娅讲到最有趣的地方时严厉地打断她,"让你们见面,这就够好的了。别到夜里又发起烧来。"

加利娅叹了口气。达尼娅也叹了口气,朝房门口走去。就在她要离开时,达尼娅转过身来,说:

"星期日前一定要好起来!你想想看吧!真正的角色呢!"

她消失在门外。

这时,在黑暗中,对面角落传来大声的呜咽。

"你放心吧,"加利娅轻声说,"我谁也不告诉,你说你为

什么哭,好吗?"

满头乱糟糟金发的女孩愁眉苦脸地抽泣着,朝加利娅转过身来,生气地回答:

"你们……可都太幸福了!你们会跑动、跳舞,而我,你看看我的腿!"

小姑娘掀开被子让加利娅看她裸露的膝盖,那地方看不出什么来。

"怎么啦?我的膝盖也是这样的。"加利娅同样掀起被子给小姑娘看自己光光的膝盖。

但是她的做法没有引起期望的反应,相反,它再一次勾起了失望的叫喊:

"这是不一样的!你的腿没病,而我患的是结核病!"

金发小姑娘不作声了。加利娅也不作声了,她也被这不幸攫住了。加利娅明白这意味着什么,这意味着她会瘸腿,或者说要用拐杖了。

"你知道吗?"加利娅轻声地说,"如果你腿疼,你还可以当一名水手,这比世界上任何事情都有趣。我见过一名军官,他的双脚都瘸了,但是他当了海军上将!"

关于军官的事是加利娅自己想出来的,为的是安慰阿霞。

"我不要当军官,我要当个舞蹈家。我要成为一名芭蕾舞演员!"

"阿霞!"斯捷莎大婶的声音传来,"怎么回事呀!又哭了吗?我到你这里来,再给你按摩按摩。这要是让亚力山德拉·弗拉基米洛夫娜看见,不知该说什么呢!"

斯捷莎坐在阿霞身旁,抚摸着她的头,对她说着一些安慰的话。

而加利娅生平第一次感到自己是个幸运儿。她在阿霞面前感到羞愧。她有一双健康的腿脚,她能够跑,能够跳舞,能成为一名芭蕾舞演员。

第二天晚上,斯捷莎确定病房里一切都安排妥帖后,只留下一盏夜里用的灯就走了。阿霞轻轻地一瘸一拐地来到加利娅的床边,坐在她的脚旁,对她说那些那么有趣、那么不幸以及那么新奇的事情。加利娅被这么多事情弄得头都晕了起来。她至今都不太明白听说的这一切。

阿霞有个哥哥,名叫热尼亚。这倒没什么可奇怪的。奇怪的是这个热尼亚人很聪明,很好,如阿霞所说,是世界上最好的人,可是他在监狱里蹲了很久,他还是个大学生。加利娅从未听说过监狱里会有大学生,但是阿霞说里面有许多大学生,他们是被抓进去的,这事情是很久以前发生的,是在革命前。妈妈在新年前曾经对她说过革命的事。

"热尼亚听说我们这里发生了革命,他就从很远的城市,同爸爸一起来找我们。因为我们的妈妈已经去世了。热尼亚从军了,去作战了,同那些不想要……"

"我知道,我知道!"加利娅打断她,"那些不想让大家过上好日子的人。"

"他们想把热尼亚重新关进监狱。热尼亚现在在前线已经是一名指挥官了。"

加利娅惊奇地看着阿霞。她还从未见过有这样出色哥哥的小姑娘。她用脚碰了碰阿霞的病腿,小心地问道:

"那他知道你腿痛吗?"

"爸爸给他写信了。哥哥走的时候，我还是个健康的孩子，他曾对我说：'多好啊，你在学习舞蹈。等你从学校毕业，我们就会过上非常好非常好的美妙的新生活。'可是这腿一直在痛着，现在医生对爸爸说我不能成为舞蹈家了，我该怎么办？我该怎么办？"

阿霞双手捂着脸，一头钻进加利娅的被子里。加利娅温柔地把她的手从脸上挪开，抬起这张可爱的挂满泪水的脸，尽可能地说得可信些：

"干吗要哭呢？还可以做别的事。这样的人还少吗？"

"可我想当一名舞蹈家！"

"也许你能成为一名歌唱家？这也很好呀！"

"歌唱家？"阿霞眼睛睁得大大的，看着加利娅，轻轻地说，"试试看吧！"

两天后，医院里所有的人都来同阿霞告别。阿霞的父亲带她回家去了。

阿霞离开病房时拥抱了加利娅，并且对她说，待到她哥哥回来时，一定让她见见他。

现在病房里空荡荡的，加利娅陷入沉思。

和阿霞的会面让加利娅知道了许多她以前不知道的事情。她弄不明白的"革命"，现在变得更为清楚了。这让她想起了平静的湖面上升起的滚滚乌云，雷声震动了整片天空和她们家那座小小的度假别墅。

她也明白了，能学习自己喜欢的专业是多么幸福！

9. 真正的角色

加利娅非常想让自己的身体赶快好起来，能够看到星期日的演出。说来也奇怪，她现在依然在焦急地等待新年的到来。她开始感到害怕了，一直在数着，到新年来临只剩下几天了。日子过得真快呀！如果加利娅愿意的话，可能要中断学校的学习了。

加利娅躺在病床上，思考着不远的将来，努力地想象着不上学的情景。

艾玛·叶果洛夫娜不再早早地在加利娅的耳旁喊叫。哦，这将会多么幸福啊！

蓝眼睛的达尼娅不再同她一起奔跑。那会感到寂寞的。

不用在冰冻的教室里每天把着杆子做那些难度很高的动作。这当然很好呀！

再也没有人让加利娅去排练，也不能在五光十色的舞台上跑来跑去，听那指挥的小棍棒下乐队发出的音符。这……不，这样不好呀！

六天之后加利娅同萨莎大婶告别，同斯捷莎大婶和米哈依尔·伊凡诺维奇等人告别，回到学校冰冷的房间。加利娅还可以休息两天不去参加排练。她裹着皮衣，包着头巾看其他同学训练，听妈妈讲课。

星期日的早场戏，在演员的包间里，有几只未来的"鸟儿"在啁啾。她们是被带来看演出的。

加利娅和达尼娅并排坐着，想要清楚地看到舞台上进行的一切。她激动地等待着鸟儿们出现……她一直在想那将分配给她扮演的真正角色。

但是鸟儿们让她失望。它们身体不匀称、笨重，完全不像白斯特鲁基林中翅膀轻盈的鸟儿。

然而《春天》这部舞剧是非常美妙的。柔软的雪花在巨大的汽灯的照射下闪闪发亮。舞台的前方是几棵小枞树。

但是由于病后身体羸弱，或者太激动，在第二幕刚开始时加利娅睡着了，一直睡到幕间休息。和她们坐在一起的艾玛·叶果洛夫娜直接把加利娅带离包厢回到卧室，吩咐加利娅立即上床睡觉。

之后整整一个星期，每个晚上她们都会被送到芭蕾舞导演——一位小老头儿那里进行排练。听了几遍音乐之后她们动了起来，穿插着从一个地方跑向另一个地方，双手向上举过头顶，像一双翅膀。这比扮演纺织娘在舞台上爬要有趣得多。

学校门前又停着几辆大雪橇，她们坐在上面吵吵闹闹地沿着黑暗的街道去早已熟悉的剧院，为的是参与那里紧张且辛苦，但也如节日般愉快的生活。

这回她们仍旧不露脸：她们戴上了面具。面具上缝有长长的喙。

但是这一次她们可以在舞台上走动，可以看到周围的一切。

舞台呈现的是严寒的早晨，朝霞在林中雪地和枞树中显现。

真冷啊。鸟儿们也感到寒冷,它们身体颤抖,扇动着翅膀。加利娅努力地表演出严寒季节,林中鸟儿来到雪地上,渴望温暖自己被冻坏的爪子的样子。

"你怎么好像发出咝咝的声音?"红头发的艾尔莎和她一起扇动着翅膀问她,"别出声,别抖动!"

"可我冷呀!"加利娅轻声说。

"这里很热的,不冷。你身上还穿着棉衣呢。"

"不是我感到冷,是鸟儿感到冷。你看呀,多冷的天气呀!"

"你这个小笨蛋!"艾尔莎丢下这句话,跑着离开了加利娅。

幕布落下时艾尔莎取笑地看了加利娅一眼,然后大声地笑着问她:

"你这是干吗呀?"

加利娅不明白她的问话。

"你干吗要发出咝咝声,是你想象的要那样做吗?我只是跑着,努力使脚的动作正确。"

对于加利娅来说并非只是这样。

今天在舞台上,加利娅突然忘记了她是加利娅。她的手被缚上鸟儿的翅膀,它们被后台的灯光笼罩着。她有那么一会儿觉得自己是林中冻僵的鸟儿,这只小鸟非常希望能紧靠"春天"得到温暖。她立即想象厚纸板制作的枞树林是一座真正的森林。那玫瑰色的光线不是灯光,而是从天空照射下来的朝霞。这短短的一分钟给她带来全新的不可思议的快乐。

是的,她觉得自己不会离开这所学校了,甚至新年过后也不离开。

在一个星期日的晚上,加利娅和妈妈还有小狗马尔西克坐在小铁炉旁取暖时,她对妈妈说了自己的想法。

妈妈非常满意,连马尔西克也很满意。它用那只没有受伤的爪子急急地搓着自己的耳朵,让自己变得更好看一些。

10. 一切都有终结,第一季度也不例外

午饭后杜霞给小姑娘们看如何把肥皂做成"慕斯①"。尽管这种"慕斯"不能当点心吃,甚至气味也不好闻,但是大家依然围在杜霞身边,心满意足地看着她用牙刷搅动肥皂碎片。碟子中的肥皂沫越来越高,像一座小山,像味道好极了的苹果派,看得人好想吃呀。

她们刚刚吃完午饭,正如食堂服务员玛莎说的:吃这种饭食真是受罪。杜霞演示说每天第二道菜里的里海鳊鱼应当这样做才好吃:将里海鳊鱼朝墙上摔一下它就会死去,经过这么一摔,它的味道会更好些。

但是奇怪的事情发生了:小姑娘们惊奇地发现,每次饭后她们都更想再吃点什么。这事连"万事通"杜霞也弄不清楚原因,不知道该怎么办。

---

① 慕斯(Myc),牛奶和果酱打成泡沫,再加面粉制成的点心。——译注

无论是杜霞、艾尔莎、达尼娅,还是加利娅,谁都不知道彼得格勒是怎样度过这严峻的日子的。她们坐上宽大的雪橇沿着黑暗的街道,经过被风刮过的零乱的广场,被带到豪华的剧院去,然后雪橇又把她们送回学校。时间已经是深夜了,在舞台爬行、扇动翅膀到戏演完后,她们在寒冷的食堂里喝着撒克逊珐琅瓷杯中的白开水。她们没有从这里听见阿芙乐尔的炮声,没有看见从城里被运送到俄罗斯遥远外省的一排排士兵——外省正在进行内战,也没有看见从外省艰难地收集来的少得可怜的粮食被运进来。

她们也没听说,有一位个子不高的人[①],在一座灰色楼房的阳台上,号召全国人民和全世界为争取自由和新生活而斗争。加利娅也完全不知道这一切。

在这严峻的年代,她们在舞杆边,因为学校没生火取暖而冻得发抖。她们顽强地学习着,为的是当新生活来临时,用自己的艺术给人民带来快乐。

新年过去了,拉多加湖的冰块也融化了。在早晨上课前妈妈给加利娅带来一封爸爸的信,说等到这个季末他就可以回到她们身边来。

加利娅现在已经清楚地知道什么是季末了。季末,就是剧院要关闭,学校要放假,排练要结束。对加利娅来说,就是同爸爸会面,到拉赫塔去找祖母。

现在让加利娅惴惴不安的是她对自己没有信心……

加利娅和达尼娅几乎参加了每一场演出。在《枉然的防备》[②]一剧中加利娅扮演了一名小男孩。现在她们忙于《滑稽戏》《印

[①] 此人为列宁。——译注
[②] 法国芭蕾舞剧,中译名《关不住的女儿》。——译注

度流浪女》及《睡美人》舞剧的演出。加利娅仍旧很紧张,她对自己信心不足。

一切依然一股脑儿地来临了:最后一场演出,课程结束,和杜霞、达尼娅、艾尔莎还有许多其他的同学告别,回到寒冷潮湿的家。然后就是爸爸回来后的幸福日子。

爸爸还是老样子,还是那么兴高采烈地讲述着,大声地笑着。他和加利娅一样喜爱这个家,爱加利娅的妈妈和小狗马尔西克。在仔细端详加利娅之后,爸爸说她没长大多少。不过,这还不算太糟糕。重要的是她瘦了,这很不好。他们应该立即动身到奶奶那里去。加利娅每天都在等待着见到奶奶。

11. 在拉赫塔的奶奶家

"哎呀呀!"奶奶一来,看了看加利娅,只说了这几个字。

奶奶很快就把加利娅的衣服放进小行李箱,把小狗马尔西克塞进带盖子的小笼子里,将加利娅带到了拉赫塔。

奶奶常年住在拉赫塔。她在树枝茂密高大的松林旁有一座自己的小屋。

长着一些花草的池塘在红色的树干中闪着光。加利娅不喜欢这静止不动的池塘。晓尔湖任何时候都是流动着的，一股股清水汹涌向前，在有风的日子里，小小的浪花轻轻地掠过石块，长着浮萍的水面映着飞动的白云。

池塘上有许多蜻蜓扑闪着透明的翅膀飞来飞去、忽隐忽现，有的直接飞到了水面上。

隔壁别墅里的喷泉更招人喜爱。它不停地喷着，透明的水柱不停地向上，水花四射，轻轻地落在低处，在水中散成一圈圈涟漪。

在炎热的日子里，她们和小狗马尔西克一起在树荫下铺着的地毯上倾听潺潺的流水声。这里的柳树、杨树和白沙，和湿润而辽阔的白斯特鲁基是多么不同啊！

只有小山丘上才有鲜花，轻盈的蝴蝶在花丛里飞舞。加利娅躺在吊床上，一连几个小时地欣赏着它们。

"你怎么啦，加莲卡？忘了吃拌糖的生蛋黄啦！"奶奶在台阶上喊道。这是七月最热的日子。"老是看这些小蝴蝶！能从它们那儿看出什么好玩的来！"

"奶奶，蝴蝶不是径直飞，而是时而向上、时而向下，时而向上、时而向下……"

"加莲卡，这只是你这么觉得吧。这很简单，就是飞呗！"

"不，奶奶，不是这样的。它们一会儿向右飞，一会儿又向左边飞。也许，它们也有自己的音乐呢。"

"哎，亲爱的，哪有什么音乐呀？赶快来吃拌糖的生蛋黄。"

加利娅跑向小凉台，跑到桌子前。

"今天吃了几个呀？"奶奶问，"四个，还是五个？我没数错吧？"

"奶奶，今天是四个，我记起来了。"

"不,乖乖,昨天是四个。你别骗我。治疗是件严肃的事情。我会拌一个星期,每天拌十个。吃吧,乖乖,当药吃。给你,加莲卡,不能不吃。"

鲍里斯叔叔的儿子廖维克也住在奶奶家,他的看法完全不一样。他认为这件事情并不难。当奶奶离开时,他发愁地看着这份拌糖的生蛋黄,可怜兮兮地说:

"加莲卡,加莲卡,你能让我尝尝吗?"

加利娅十分愉快地让他吃了,以至于到夏末,廖维克的体重增加了两千克,而加利娅只增加了四百克。

加利娅回到学校时几乎没有什么改变,但学校的课程比加利娅的改变要多得多。课程越来越有趣,难度也越来越大了。

新的课程和新的演出代替了旧的课程和旧的演出。

时间一个月一个月地过去,又是一年了。加利娅的日子过得快乐又紧张。随着时间的流逝,一切都变得更加紧张,更加有趣了。

12. 时代更迭

晚上,加利娅在做代数作业。这代数课程她怎么也学不好。这时,达尼娅飞快地跑进房间,她跑到加利娅的身后,用手捂住

她的眼睛。

"喂!"加利娅只能叫起来。

加利娅什么也来不及说,因为达尼娅像一阵风,紧紧地箍住了她的喉咙。

"首先,你猜猜我是谁?(达尼娅的双手仍旧捂住她的眼睛)其次,你猜,我首先要告诉你什么事情?第三,猜猜我对你说的'其次'中要讲些什么?好吧,给你一分钟时间。"

"你,你先说你怎么了。然后,第三……我需要解题,我怎么也解不开。"

"天哪!真是白费劲!想要弄明白代数,这是不可能的事!反正谁也搞不清楚捷尔加奇①老师在讲什么,他围着黑板,一分钟能说出多少个词,数也数不清。我说的是实话,他整个人一直在抽搐,他胡须是黑色的,胡髭也是黑的……不不不,我完全搞不明白,我怕他。"

"我不是怕这个人。我是看不懂这本书!"

"因此你也不了解这位老师,这不重要。继续往下猜吧!"

"我猜不出来,达尼娅,你就直说了吧!"

"你有兴趣吗?"

"有啊,我特别感兴趣呢!"

"好吧,首先,你喜欢我们的肥皂泡沫'慕斯'吗?那个味道好极了不是吗?"

加利娅看了达尼娅一眼:也许、也许她发烧了,发高烧?

"你说呀。"达尼娅并不退让,"喜欢肥皂泡沫'慕斯'吗?"

---

① 即孩子们的代数老师瓦西里·瓦西里耶维奇·捷尔加奇。捷尔加奇为他的姓,俄文(дергач)有"长脚快鸡"之意。——译注

"瞧你问的,挺不好闻的,我们也不能吃。"

"那好吧!那里海的干鳊鱼呢?我们先把它摔到墙上,再吃掉它。很神奇的东西,对吗?"

加利娅被她搞得更加糊涂了,她坦白地说:

"里海鳊鱼……它看起来很硬,反正……"

"反正它是一块难吃的东西,对吗?一些小块的未经过烤制的面包片,在演出结束后将它们放入开水中。你喜欢这么吃吗?喜欢吗?"

"也许,还能忍受。"加利娅叹了口气说。

"不应当再忍受下去了!吃里海鳊鱼的时代该结束了,肥皂泡沫'慕斯'也该停止了,开水也永远不会有了。现在罐头要代替里海鳊鱼,可可饮料代替清汤和开水,真正的巧克力奶酪换掉肥皂泡沫'慕斯'。"

达尼娅用轻盈的双腿把一切能用舞蹈表现的动作疯狂而连贯地表现出来。

"达尼娅,你知道吗,我曾经也很希望能有……"

"天哪!"达尼娅叫喊起来,"对呀,原来的食物一点热量都没有,现在才是增强体力的饮食。就是这么回事。"

"增强体力的饮食?"加利娅反问道,她还在尽量地记住代数符号和方程式。

"好吧,很简单,大家都知道我们学习很艰难,所以给参加学习的人送食物来了,明白吗?"

达尼娅尖叫着扑向加利娅,加利娅也尖声叫起来。这时,杜霞快乐地喊着,披头散发一阵风般地冲进来。她刚激动地说出三个字:"你知道……"

房门又打开了,艾玛·叶果洛夫娜像一座雕像一样出现在门口。她庄严地看了一眼加利娅,突然问道:

"你高兴吗?"

"是的,艾玛·叶果洛夫娜……"加利娅被这样关切的问题吓得不轻,"当然好啰,艾玛·叶果洛夫娜。奶酪代替了肥皂泡沫'慕斯',增加营养!"

"她说什么?"艾玛·叶果洛夫娜耸着肩膀问达尼娅。

"艾玛·叶果洛夫娜,我还没来得及告诉她,我刚想……"

"我不是说给学校发赠品的事。"艾玛·叶果洛夫娜庄重地继续往下说,"我是说有关舞剧的事。你将当众表演舞剧。两小时后进行第一次排练。"

加利娅看着艾玛·叶果洛夫娜。她觉得自己的脑子完全被搞糊涂了,满脑子都是代数中的二次方程式,而捷尔加奇老师和里海鳊鱼、增加营养,以及舞剧公演都被代数的括号括进去了。

13. 第一次当众表演

学校从很早以前就有一个排练舞剧的大厅,它曾是属于宫廷的小剧院,现在被当作学校公开演出的舞台。学生们以能在这里演出为荣。演出是收费的,学生们用这些收入添置服装、道具。

排练前的两个小时里,加利娅一直惴惴不安。但是当她进入排练的房间,看见妈妈站在钢琴旁时,她瞬间明白了——妈妈将亲自指导她演出的第一个剧目。加利娅既害怕又快乐。

低年级女生将在重要的剧目中独舞的消息闪电般地传遍学校的各层楼房,同学们的艳羡溢于言表(因为即使毕业生在准备这种演出时也会非常紧张)。没错,连优秀的达尼娅·维切斯洛娃也是表演集体舞,而加利娅则要完成独舞。

在走廊、餐厅里,甚至在冰冷的水龙头旁都有人在窃窃私语,谈论这件不可思议的事情。

"当然啰!这位娇小的乌兰诺娃是那么可爱。"高年级的学生说,"但光可爱是不够的。"

"纯粹是工作嘛,就这么回事。"

"我们那个加利娅得到了一个独舞的节目。"低年级的学生说,"难道她比我们大家更优秀吗?"她们不满地耸耸双肩。

达尼娅在楼道里碰到了一群议论的人,原本充满愉快和热情的脸上泛起不满,她用大嗓门遮盖所有声音:"请别在这里叽叽喳喳。没错,加利娅是我们当中立脚尖立得最好的!"

"立脚尖只是芭蕾舞刚开始的阶段。"

达尼娅不服输地说:"刚开始怎么啦!她已经能完成很难的动作了。"

"你想一想……这些我们也能完成的。"

"你们完成得比她差。"达尼娅认为自己说服了她们,沿着楼梯的扶手很快地滑下去了。

加利娅的节目是拉赫玛尼诺夫[①]的《波尔卡》,这是她第一

[①] 拉赫玛尼诺夫(1873—1948),俄国钢琴家、作曲家。——译注

次当众表演。其实,加利娅并不是偶然被选上的——这个舞蹈要求舞者全程都只用脚尖站立。

"呵呵,《波尔卡》!"红发的艾尔莎惊叹地说,"这并不困难,《波尔卡》我们跳得很好呢。"

"但这不是一般的《波尔卡》。"无所不知的杜霞插进来说,"这是拉赫玛尼诺夫作曲的,不是我们跳的那一种。它是二拍的,一、二,一、二,对吗,达尼娅?"

"当然啰,是这样的。"

"好吧,我们来听音乐,看看……"艾尔莎说。

"请吧,请吧!请大家都来听,都来看!"达尼娅和杜霞骄傲地说着,好像这不是拉赫玛尼诺夫的作品,而是她们的,她们也将演出这个节目一样。

加利娅通过幕布的小缝隙往外看,看到有许多观众,他们几乎快坐到舞台上来了。她感到害怕,观众竟然离得这么近呀!

剧院的舞台前方有一个黑洞,每个人都好奇地伸长脖子往里看,但什么也看不清。加利娅站在侧幕后等待上场,她的心跳得很厉害,她都想用手去紧紧地压住它。

观众是不会看到这些的。他们看见一个女孩穿着白色的舞裙轻盈地跑上台,脚尖轻轻地触碰着地面。她好像是被一种愉快的声音引出来的。这个女孩像一个白白的洋娃娃,脸上略带激动的笑容,很像浅色头发蓝眼睛的埃尔弗[①]。她随着节拍起舞,与音乐融为一体。没有人知道她的心脏正在勇敢地与激动不安作斗争,

---

① 埃尔弗,古日耳曼神话中的自然神。——译注

也没有人知道她有多么害怕:舞鞋可别脱落呀!

整个节目都没有出现差错。加利娅将拉赫玛尼诺夫的《波尔卡》跳得非常出色。

不久之后,整个学校开始庆祝学年结束。最严峻的时期结束了,国内开始迎来新生活、新经济政策,到处热火朝天。

第三章　磨炼与斗争

难道她跳的舞是死气沉沉、怯懦的？难道一位真正的芭蕾舞演员应当面带微笑，哪怕这微笑与舞台上进行的故事无关？

1. 课余活动

午饭后,如果没有突然被叫去排练,就可以做一些自己喜欢的事情。

"今天不会有排练。"杜霞从桌旁站起来说道。

"这么说,今天有空啰!"达尼娅愉快地朝杜霞和加利娅说,"我们去玩吧?"

"我也去!"

"还有我!"卡佳和艾尔莎说。

"你们又不知道我们玩什么游戏。玩猜谜。"

"好吧,我们试试,看看大家会不会。"

就这么定了。加利娅跑在大家的前面,她沿着长长的走廊跑着,经过一条很冷的楼梯和一处黑暗的小空地,进入一个存放演出服装的小房间。房间的钥匙由米特列夫娜老婆婆掌管。老婆婆有一个孙子刚进校学习。她对这些小姑娘很客气,有时会让她们进入她管理的地方。

"亲爱的米特列夫娜,放我们进去吧!"达尼娅在老远的地方就对她喊道。

"只进去一小时。"加利娅接着说。

米特列夫娜嘟囔着,但还是拿出钥匙把门打开了。

存衣室吸引人的地方就在于它位于厨房的上头,所以它很暖和。屋内还有两个大得出奇的木箱,可以将腿伸进去。更重要的是,艾玛·叶果洛夫娜不住这里来。

当大家都在木箱上坐好后,达尼娅下口令:

"新来的人请注意,猜谜游戏开始啦!"

"达尼娅,今天猜谁呢?"杜霞一边问,一边把一小块一小块的黑面包干放在纸片上。

"今天是有关捷尔加奇老师的。好了,艾尔莎,从你开始,猜猜有关他的事情。"

"猜什么呢?"

新来的人不安地面面相觑。

"关于捷尔加奇,他的住宅是怎样的,里面有什么……"

"还有他喜欢喝什么样的汤……"

"他和谁生活在一起?"有人问。

"我怎么会知道这些!"艾尔莎不知该怎么办,她直直地看着自己面前的这些"考官"。

"那你猜呀!"加利娅说。

"我怎么能猜着呢?关于他我什么也不知道。"艾尔莎不知道该怎么猜测。

"如果你已经知道了,那干吗还要猜呢?"加利娅反问。

艾尔莎不作声了。

"好吧,让她们先看看,从我开始做个演示吧。"

达尼娅动了动身子坐得更舒适一些,她往嘴里放了一块黑面包干,开始说:

"他有一位老婶婶,四十岁,可她是个聋子。"

"正确。"加利娅肯定地附和道,"她说话的速度比捷尔加奇还快,更加让人听不懂。他们谈话时,完全……完全……不明白对方在说什么,说着说着就相互生起气来。多可怕,结果就各走各的了。"

"等等,加利娅,让我来猜猜看。刚才我嘴里嚼着面包干没法说话。"

达尼娅把面包干吞下去,接着说:

"他的房间里有灰尘,真可怕。糊墙纸、糊墙纸是咖啡色的,上面有许多斑点,墙上挂的壁毯,旧得不能再旧了。捷尔加奇总是在睡觉。"

"一模一样,婶婶也在睡觉!他在点炉子。"

"没有什么炉子。他在家解题,他自己出题自己解。"

"他在家脾气暴躁,经常抽搐。"加利娅说,"在家里戴着一顶小圆帽。"

"为什么戴小圆帽?"很少说话的卡佳疑惑地问。

"什么'为什么'?当然是婶婶让他戴的。因为不带小圆帽,他很冷呀!"

加利娅为卡佳猜不到这些感到可惜,本想接着说,但米特列夫娜打开房门,急促地说:

"德国女人来找人了。快点跑,别让她逮着了。"

"这么说,又要排练了……"

"下回我们来猜巴维尔·彼得洛维奇。"达尼娅喊了一声。五个小姑娘急匆匆地往回跑:沿着小平台,沿着楼梯,沿着长长的走廊,为的是能在几分钟内出现在芭蕾舞导演面前。小姑娘们还来不及猜他呢……

2. 代数学及其他课程

"亲爱的,我对你们说,单腿急转是一回事,而十进制小数则是另一回事。"教代数和几何的老师生气地对自己的女学生说。大家都怕他,他的外号叫"长脚快鸡"。

老师当然是正确的,女孩们在艺术方面的成就并不总与科学同步,特别是代数与几何。在每天练习的困难动作上总有几个女同学完成得很好,可是在代数方面她们不一定有这种优势。加利娅就是这样的。

捷尔加奇研究了各种原因,发现主要是因为戏剧学校不好的惯例——常常把需要参加演出的学生从课堂上叫出去排练。除此之外,还有一个原因是他本人。他在讲课时说话的速度太快,让大家听不明白。他的脸和手不时地抽动,大家都怕他。杜霞就与代数这门课闹别扭,认为这是谁也不需要、也弄不明白的一门课程。加利娅倒是没有那么坚定地认为代数是不需要的。但是她和其他人一样,要学好代数很困难。她没能通过冬季考核,妈妈说瓦西里·瓦西里耶维奇要在家里单独给她补补课。

"这太可怕了!要到'长脚快鸡'家里去补课!想想就可怕!"杜霞怜惜地看了看加利娅。

加利娅无法反对她的话,这当然是一件可怕又毫无趣味的事。加利娅头一次要补课,她心里害怕,沉重地叹了口气。

昏暗的台阶上,在包着很差的漆布的房门外,能听见小提琴的声音。有人在拉柴可夫斯基①的《胡桃夹子》中的圆舞曲。加利娅现在已经不是新手了,她能够很轻松地听出芭蕾舞中的音乐。

房门打开了。加利娅看见一个身体瘦削、脸色苍白的女孩。女孩黑发黑眼睛,长得有点像捷尔加奇,只是她很文静,也很美丽。

"您来找爸爸吗?我马上去告诉他。您是加利娅吗?"女孩微笑了一下,整个脸洋溢着友好的笑意。

加利娅立刻放松下来。

房门打开,捷尔加奇站在她的面前,他的手中拿着小提琴的弓。加利娅惊讶地张着嘴看他。他在拉小提琴啊!女孩们没有一个人猜得到呢。

"你好,加利娅,"捷尔加奇说,"你同我女儿认识了吗?娜塔莎。"他转过身来对她说,"你又自己去开门啦!你应当告诉我。娜塔莎不久前病了。"他一边对加利娅解释,一边从衣架上拿下头巾,关爱地披在娜塔莎的肩膀上。

加利娅的惊奇不断加深,让她越发感到惊奇的是:这位令人敬畏的老师邀请她到自己的书房,让她坐在沙发上,递给她一条方格毛毯,围上她的双脚;然后在她面前打开一个很大的文件夹。

---

① 柴可夫斯基(1840—1893),俄国音乐家。——译注

"加莲卡,在补习代数之前,请看看这些画,都是娜塔莎画的。"加利娅觉得能画这些画真了不起。画上有她最喜欢的花:有野花,也有花园中的花。当她说她喜欢这些花时,严厉的老师微笑了(这在上代数课时从未有过),变得和他的女儿一样亲切。

上完课后,娜塔莎用托盘送上三杯咖啡和用咖啡渣做的小苦饼。

"请你原谅我们,"捷尔加奇扶着娜塔莎的肩说,"今天没有东西请你吃。"

后来他给加利娅看自己的小提琴。在她和娜塔莎嚼着小饼子时,他演奏了几支普通的曲子,让人听了感到忧伤又美妙。

"加莲卡,我只喜欢古典音乐。下次课后我给你演奏莫扎特[①]乐曲。"他在告别时对加利娅说。

让加利娅感到惊奇的还有她现在不觉得代数那么枯燥了,因为在她难以通过的深奥的课程里有了微弱的光芒。

加利娅回到学校,沿着长长的楼梯走上去时,杜霞和达尼娅从窗户里看见她,赶快跑着来迎接她。

"怎么样?看见捷尔加奇的婶婶了吗?"杜霞快活地喊道。

加利娅默不作声地摇摇头。

"你不是到'好老师'家里去了吗?"

"是的。"加利娅非常认真地回答她,"我到瓦西里·瓦西里耶维奇家里去了。他确实是一位好老师。"

[①] 莫扎特(1756—1791),奥地利音乐家。——译注

补考代数这件事已经不再让加利娅觉得困难了。经过几次补习,加利娅已经成了班上代数学得最好的学生,代数也成了加利娅喜欢的课程。

那个深爱着小提琴和女儿的瓦西里·瓦西里耶维奇老师,既搞数学,又玩音乐,这已经不会让加利娅感到惊奇了。现在让她感到惊奇的是教育家格列蒙格拉索夫,他教授文学课。年轻时他是一名轻骑兵,是什么把他从奔跑和跳跃中抛向了俄罗斯文学史,这个秘密大家都不知道。他个子不高,小胡髭上方有一个又小又红的鼻子。但是他说话时声音洪亮,与他的姓氏相符合①。

他轻快地走进教室,停下时鞋跟并拢在一起发出响亮的声音,他说:"来吧,我的孩子们,今天学一首新诗。开始吧!"

格列蒙格拉索夫从来都不苟言笑,不给任何人打高分,因而也会让人有点害怕。

说到这里就不得不说说巴维尔·彼得洛维奇了。

巴维尔·彼得洛维奇·雅科夫列夫教授戏剧史和芭蕾舞史,并以当"班级印章"而闻名。他的特别之处不是他这个人的性格,而是他的长相。他的脸很胖,还有两个酒窝,整个脸显得很圆。这些特征很容易画在一张白纸上:先画一个简单的圆圈,加上两只眼睛、酒窝、嘴唇。这种画就叫作"班级印章",可以"印"在各种重要的文件上,"盖"在一切场合。

有一次巴维尔·彼得洛维奇在自己的笔记本中看到这张肖像,认出画的是他,不但没生气,还很高兴地笑了。全班同学都很信

---

① 格列蒙格拉索夫由两个俄语词 гремо、голос 构成,指嗓音洪亮。——译注

任他，也与他结下了深厚的友谊。

巴维尔·彼得洛维奇的课程分成两部分：娱乐消遣类的和具有借鉴意义及教育意义类的。第一部分的材料完全取自从事戏剧事业的人物、演员的生活故事；第二部分是讲述戏剧的流派。课程的题材多种多样，使人百听不厌。

使大家厌倦的是著名的"吉多夫谈浮雕作品"。美术老师吉多夫①一年到头让大家临摹所谓的叶形柱头石膏装饰。上课时他在教室里走来走去地思考着，对周围的喧闹声一点也不在意。

有时他走近某个女生，拿起她手中的橡皮（他的双手和脸永远是红红的，好像冻过一样），把画全部擦掉，边擦边说：

"重新画！"

隆冬季节，杜霞终于勇敢地对吉多夫说，石膏像是世界上最枯燥的东西，她如果再多画一张，她就要窒息了。后来吉多夫老师带来一只石膏制作的"耳朵"，叫大家赶快画。

"我真奇怪。"达尼娅失望地拿出自己的铅笔，"人们怎么会想出绘画这事来！难道世上真有人自愿去画画吗？"她叹了一口气，照着画起来了。

然而加利娅非常快乐地帮助神奇的舒莫夫老师完成了他的绘画作品。

这位令人惊奇的小老头儿不是走进教室的，而是小跑着。他为某件新作品激动得全身发抖。他的作品各式各样，总是能提起大家的兴趣。因为舒莫夫老师独创了供教学用的独幕芭蕾舞剧，他还为该剧画了布景，并亲自做了全部的道具。他这样的做法甚

---

① 吉多夫（титов）有"红甜苹果"之意，疑为孩子们为红脸美术老师亚历山大·维克多洛维奇·舒莫夫所起的戏称。——译注

至引起了对此事漠不关心的人的兴趣，也让那些原本就喜欢的人更加喜欢，尤其是加利娅。

3. 首次遭遇刺人的话语和困难

这是一个刮风的冬日。暴风雪在结了冰的涅瓦河上肆虐，穿过喷泉宫，覆盖大街。小雪花附着在教室冰冷的窗户上，让人看了心里难受。

第三遍铃已经响过了，小老头儿舒莫夫像张开翅膀一样冲进教室。他像春天的喜鹊一样，总是那么快乐。这一回他很激动。

"下课后请大家留下来待五分钟。"

大家都知道，如果亚历山大·维克多洛维奇·舒莫夫请求大家留下来待五分钟，这不会是无缘无故的。这位老师去了教师休息室，从那里带回一个大箱子。全班同学挤在讲台旁，更低年级的学生则从玻璃门往里窥探，他们什么也看不到。

亚历山大·维克多洛维奇把箱子放在桌子上，打开了一半。全班同学惊呼起来。低年级学生出于好奇心，把头伸向门缝里，尽管这样，还是什么也看不到。桌子上放的不是箱子，而是杂乱堆积的小石块和岩穴。

"瞧瞧这模型！"亚历山大·维克多洛维奇骄傲地说道，"这是我自己做的。你们面前的是有山神的洞穴。这些都是这部舞剧的道具。现在，我们班能否全体出动来演它取决于校委会和艺委会。"

他得到的回答是一片嘈杂的说话声。

"请等一下，等一下！"老教师激动地说，"我们很可能得不到允许。"

第二天，他跑进教室时，高兴得神采焕发。他刚走到门口就宣布说得到批准了，这几天就要开始做准备工作。

"这部舞剧中的主角是一位林中仙女——德里阿达。她在林中迷了路，落入了山神手中。大家看这个角色将由谁来扮演……"他停了停，眼睛扫视着全班同学期待的脸，"你，加利娅，你扮演这个角色。"他对他说的话所引起的反应感到非常满意，"达尼娅在能力上和加利娅不相上下，但是我们的加利娅和德里阿达一模一样。"

"那她们呢？"加利娅害怕地看着舒莫夫问道。

"她们都和你一样：害怕一切。"快活的小老头儿盖上自己的盒子解释说，明天他将把舞剧的内容告诉大家。

过了几天，排练完回来时，加利娅听见下一层黑暗的楼梯口有两名高年级的女生在谈话。

"真不明白，她有什么好，那么干瘪。"

"还那么胆怯。"

"更重要的是，死气沉沉的，跳舞时不带一丝笑容，看了让人乏味。"

加利娅停下来，久久地看着楼梯处的黑影。加利娅知道这两个女孩先后请求过扮演这个角色,但都被拒绝了。从那以后,她们遇到她时,都会转过身去不理她。她们来到排练场地时会坐在前面低声交谈着,用充满恶意的眼神注视她的每一个动作。加利娅不时地捕捉到这种眼神。她感到这目光刺痛了她,她觉得双脚变得无力,像踩着棉花,快乐的心情都被打消了。

她们是很有才华的姑娘,比加利娅高一个年级。难道她们是正确的吗?难道她跳的舞是死气沉沉、怯懦的?难道一位真正的芭蕾舞演员应当面带微笑,哪怕这微笑与舞台上进行的故事无关?但她排练完之后,她觉得,她对自己还是有信心的。当然,这个角色如果让达尼娅来演,会比她好得多!

但是这个角色还是要让加利娅来完成,排练照常进行。

公演的日子到了。

在山神的洞里是很可怖的,加利娅不会忘却它。她想做到的是每一个动作都要表现出这种可怖。

老教师感到很满意。观众多次把年轻的德里阿达请回舞台,尽管这在学生的演出中是不允许的。妈妈也很满意。可是加利娅对这样的成绩并没有感到高兴。有一位女教师朝她走来,非常客气地对她说:

"我亲爱的,您深深地感动了许多人。但是您别忘了,芭蕾应当使人愉快起来。"

加利娅的脑袋里装满了各种各样的问题,她还不能准确地说出这些问题,因而它们使她很痛苦。

妈妈通常能回答她的任何问题,可这时她也产生了疑惑。妈妈感到很忧伤,她无法回答加利娅,也不能帮助她。

加利娅常常会听到别人说她"表现得胆怯,冷漠"。但尽管她还是个孩子,她依然坚持不给观众送去"必须"的微笑。

冬天就这样过去了,学年也将随着冬季的结束而结束。春天悄悄地吹散寒冷的空气,蓝色的天空照亮化冻的城市,也照进戏剧学校的窗户。在一个春天的温暖的日子里,一条惊人的新闻从一个教室传到另一个教室:整个学校要搬到别墅去。

这件事真是出人意料。一所学校,一个学习和工作的地方,是不可能置身于田间和树林中,在城市之外,在石砌的墙壁之外的!

但是,这是真的。在这个季度结束时,整个学校搬到了别墅——搬到了"儿童村"①。

4. 尤苏波夫别墅

他们在温暖的五月初来到这里,这正是"儿童村"中丁香盛开的时节。前尤苏波夫公爵别墅的长廊和露台被茂密的浅紫色、白色的丁香花覆盖,这座别墅如今被政府划作戏剧学校度假的地方。

....
① 儿童村,即圣彼得堡市南的一处皇家园林,旧称"皇村"。1918 年,皇村的建筑多被改为儿童教育和医疗用途,被更名为"儿童村"。1937 年,为纪念诗人普希金逝世 100 周年,儿童村又被改名为"普希金城"。——译注

加利娅从高大的汽车上跳下来时，瞬间被这香气四溢的丁香丛吸引了，她觉得自己被这美景陶醉了。

她把自己的小箱子遗忘在车上，也没有听见艾玛·叶果洛夫娜的喊声，沿着小路直接跑到香气十足的丁香丛中。一大串一大串的丁香花随风飘荡，扑面而来的是无可比拟的春天百花绽放的气息。

艾玛·叶果洛夫娜和她的助手们已经在汽车旁站好队了。加利娅听到点自己的名字时正想回去，却突然看到了一片柔软的晚霞映照下的鲜亮的草地，那里长满了大大的马林果，这么多马林果是她从未想象过的。她跑过去，坐在开满各色鲜花的草地上。

"加利娅，终于找到你啦！快到屋里来，正在给大家分房间呢。你在那里看到什么啦？"达尼娅沿小道跑过来，在加利娅身旁停下，"这是什么呀？"

"达尼娅，"加利娅抬起欣喜的面孔，轻声地回答，"这是多瓣的丁香呢！"

第二天爸爸来这里看加利娅的新生活。"你瞧！革命为人们带来了什么！新生活意味着什么！从前这座大宅只被一个家庭占有，一家人使用这么大而美丽的花园。而现在整个学校的学生都能在这里休假。你的朋友们可以在这里获取完成冬季课程的力量。你马上要升入高年级了，也要在这里积攒体力，冬天要做的工作是很繁重的。瞧瞧这座别墅！"爸爸和加利娅走在绕着清澈池塘的林荫道上时说。

这天晚上，加利娅、达尼娅和杜霞三人一起去看自己的新住所。她们围着宽大的凉台走了一圈，凉台的大理石地面上，有的地方已经长出了青草。北面的长廊、雕像和墙上凸起的部分，被尚未消失的晚霞映照出金色的光芒。

"我们爬上去吧，去看看那里有什么东西。"达尼娅提议去塔楼的小窗户看看。

杜霞抓住达尼娅的手害怕地小声说道："你怎么啦？你怎么啦？那里挺可怕的，没事去那里干吗呀？"

这里有一扇通往塔楼的小门，被一把很大的锁锁上了，钥匙早已不知去向。加利娅和达尼娅勇敢地向上走，惊奇地发现这里有一个椭圆形的大厅，墙皮用蔚蓝色的花缎包着，但有的地方已经破损了。

这没有关系，重要的是这个大厅的一角有一个高出地面的小舞台。显然这里曾经是家庭剧院。

达尼娅沿着小楼梯来到舞台上，穿着袜子在上面跑起来。她单脚画了一个圆圈，在加利娅的面前停下来，神神秘秘地问："加利娅，你猜猜，在这里可以做些什么事情？"

加利娅朝达尼娅看了一眼，挥着手说："又来猜谜了。"

"马上猜！我们可以在这里做什么？"

加利娅沉默了一会儿，突然高兴地喊道："我知道该做什么了！我们可以在这里演出！"

"当然啰！我就是这样想的。"她拉着加利娅的手朝舞台上跑去。两人在这破旧得已经开裂的地板上旋转起来，掀起一股股灰尘。

她们俩决定把以往见到的、知道的芭蕾舞剧用双人舞的形式表现出来。

"我和你领舞！"达尼娅说。

"我们还领舞？领谁呢？"

"没事。你领着我，我领着你，我们俩人都领舞。"

"那音乐呢？怎么办？"

"让我想想……我们自己唱！就这么办，不是很简单吗？"

不久之后，在这个学生度假的别墅里贴出了一张演出海报，上面用红色铅笔写着演出的名字：《椭圆大厅的夜晚》。海报被贴在一棵老椴树的树干上，这里是几条小道的岔路口。海报中说，舞者将把冬季剧场演出的芭蕾舞中的片段呈现给观众。

星期日晚上下着雨，许多人来看演出。

杜霞的工作就是摇铃宣布演出开始。

那么这出戏到底是怎样的呢？椭圆大厅里从未有过这样的演出。在歌曲的伴奏下（杜霞会在舞蹈的复杂处帮唱，因为舞蹈者的气力不够，唱不上去），两位小姑娘上演了大家所熟悉的芭蕾舞剧的部分情节。她们还加上了自己创造的舞蹈段落，想让观众清楚地了解到这段表演的意义。

在第二场中，加利娅扮演一个男孩，连从来不表现出惊讶的艾玛·叶果洛夫娜也说道："Schön[①]，真美呀！"她看到这个"男孩"的双脚那么轻巧、准确地完成了成年舞者的动作。

一切都进行得很完美。

但在第二场接近结束时，不幸发生了。这时候《印度流浪女》《睡美人》《胡桃夹子》的片段都已完成，最后一场《彼耶罗和彼耶列塔们》开始了。达尼娅扮演的彼耶列塔从彼耶罗身旁轻盈

---

① 德语，太美了。——译注

地立着脚尖跑开时,突然间,谁也未料到的倒霉事发生了。就在达尼娅换气的那一瞬间,她感到自制的演出服发生了可怕的事情——衣服裂开了!彼耶列塔蓬松漂亮的裙子滑落到地板上,像一团轻盈的泡沫。达尼娅身上仅剩下泳衣,站在舞台中央。她用手捂住脸,泪水顺着脸颊往下掉。

笑声、惊叹声和表示遗憾的声音传遍了大厅,但是艾玛·叶果洛夫娜的声音盖过了它们:"Schneller!拉幕布吧!"她顺着小台阶直接走到舞台上来。

在这之后,学校负责人让大家暂时不要再演出了,夏日结束前就亲近大自然吧。

"结束吧!"艾玛·叶果洛夫娜斩钉截铁地说。

但是这两位小姑娘的业余演出并没有中止,她们得到了全体同学的爱。这个班级的同学是由各个班级中抽调出来的,他们一起来到负责人面前,请求其允许她们将美妙的《椭圆大厅的夜晚》演到夏末。

5. 意外的会面

有一天晚上,在已经能感到秋意的"儿童村"花园的小路上,有人喊加利娅。加利娅正急忙去喝晚茶,想着不要因为晚到而遇

见艾玛·叶果洛夫娜。

加利娅回头看,站在她面前的是一头金发的阿霞,正是那位在医院里哭诉不能成为芭蕾舞演员的小姑娘。在她们分别的这段日子里,阿霞瘦了,也长大了。

加利娅向她跑去,看到阿霞不是一个人在这儿。连椅上坐着一位黑眼睛的年轻人,他正在用手中的拐杖在地上画着什么。

"这是热尼亚,我的哥哥。"阿霞骄傲地说,"他不久前刚回来。"

加利娅向他伸出手,这时她才看到这位看起来很开朗的人少了一只脚。

"您,您参加过战争?"加利娅以崇敬的目光看着他,小心翼翼地靠近他,在连椅上坐下来。

"正如您所看到的,"他指向自己的拐杖简短地回答,"我和妹妹的脚都不好,但我们并不气馁……是吗,阿霞?"

他一只手搂着妹妹,仔细地端详加利娅。

"这么说,您就是那位加利娅·乌兰诺娃本人了。妹妹常向我说起您。"

加利娅默默地点点头。

"见到您我真高兴。我也为您还在学习舞蹈而高兴。我和阿霞现在在学别的专业。"

"你的脚怎么样了?"加利娅问阿霞。

"我还在治疗。在这里治,也在克里米亚治。医生对我说,只要不坏下去,这只脚还能用。可你看,热尼亚的脚……"她停住不说了,跟哥哥靠得更近。

"热尼亚怎么啦?"哥哥愉快地看着妹妹,"热尼亚也不气馁。有多少人在前线倒下,而我还活着,甚至还能和你一起散步。姑娘们,尽管我失去了一只脚,但生活中依然有许多美好的东西。正所谓'不幸中的大幸''整体完好'。"

"热尼亚现在在疗养院治疗,我刚来探望他,知道学校搬来这儿了。"

她沉默了一会儿,叹了口气说:

"离开学校真可惜……但是我非常想成为一位画家。如果什么时候我能画出一张好画来,我一定叫你来欣赏。你会来吗?"

"我一定来。"加利娅坚定地回答。

"好呀,很好,姑娘们。"热尼亚一会儿看看这个,一会儿看看那个,"现在我们正为自己的新生活奋斗,我们需要美好的一切:好书,好画,好的舞蹈家。"

晚秋时节,整个城市笼罩在潮湿的云雾之中,下午三点就需要开灯了。加利娅收到阿霞寄来的绘有海景的明信片。阿霞现在和哥哥一起在南方居住,阿霞的叔叔在那里的科学院工作。热尼亚在写回忆录,阿霞在学习绘画。

"我在画大海,"她写道,"如果我能成功地把大海的早晨画出来,我会非常幸福。"

加利娅又看了一遍明信片,在窗旁站了许久,她看着被雨水淋过的灰色大马路,看着带着皮包和雨伞匆匆赶往某地的行人。

加利娅明白了,从事艺术活动的权利是需要去争取去捍卫的,是要为其付出某种代价的。她感到太幸福了——能将她学习的这门艺术带给所有艰辛劳作的人。

加利娅再次看了一遍明信片,上面画着滔滔海浪,她在

心潮起伏中明白了，在绘画、舞蹈和音乐及所有的艺术创作中蕴含着多么伟大的力量，它能改变生活并让人们的生活变得幸福。

6. 新老师

从尤苏波夫别墅回城刚要开学的时候，有一件重要的事情发生了。中年级的学生不再由艾玛·叶果洛夫娜管理，学生们为不再受她的监管而感到由衷的高兴，从今以后自由了。

从艾玛·叶果洛夫娜的沉重枷锁中解放出来，学生们在床上喝着用铁质牙杯装满的真正的柠檬水，配上砂糖点心，作为"晚宴"来加以庆祝。在庆祝的"宴会"之后，中年级的学生在走廊里遇见艾玛·叶果洛夫娜时，会礼貌地问候一下，以独立的姿态尽量离她远一点：自由万岁！

这年秋天，学校里还有一件事情引起了诸多关注：学校里来了一位教俄罗斯文学的男教师。

文学课程已经两个星期都缺课了，教室里有一半的学生在聊与文学毫无关系的事情。

新老师到来的那一天阴雨绵绵，大雾弥漫。从下午一点起所有的教室都开了灯,大家的情绪略微好了一些。

"校长来了!"杜霞高喊着跑进教室,同时用手掌捂住自己的嘴,因为校长已经站在门口了。他请那位大家不认识的人走在前面。

女学生们的眼睛因为好奇而明亮起来。她们仔细看了几秒钟,发现这人身材高大,有着浓密的浅色头发,戴着眼镜的眼睛大且乌黑,而且这人风度极佳。在校长向全班同学介绍他之前,同学们已经把他端详了一遍。校长庄重地说:

"给你们大家介绍一位教师,谢尔盖·米哈依洛维奇,他将和大家一起学习文学,给你们介绍最优秀的作品。你们要努力学习。"

校长握了握新教师的手,离开教室。

"好吧,"新教师在校长走了以后,对全班同学说,"首先我想听听你们的看法,作为我们认识的开始。"他微笑了一下,他的朴素立即消除了通常会有的陌生感。"我想知道你们喜爱我国的文学吗?你们可是要将自己的一生奉献给芭蕾舞艺术的人。关于这个问题你们可能会给出一个笼统的回答——当然啰!大家都会说我们喜欢,但是这样的回答对我来说是不够的。请你们告诉我,每一个人都告诉我,你们喜欢哪位作家。这样就不会是笼统的回答了。从回答中我可能会进一步了解你们。"

随之传来热烈的嘈杂声。对艾玛·叶果洛夫娜来说,这种声音毫无疑问是要严厉制止的,但新教师并没有被这种热闹场面吓倒。相反,他透过眼镜满意且愉快地看着学生们期待的脸庞,仔细倾听各种喊叫声:"我喜欢屠格涅夫[①]!""当然啰,普希

[①] 屠格涅夫(1818—1883),俄国作家、诗人和剧作家。——译注

金①！""最喜欢的是果戈理②！""莱蒙托夫③！""托尔斯泰④！""纳德松⑤！"

"真了不起！"直到大家都平静之后，新教师才大声说。"我看得出来，你们不光喜欢舞蹈，这让我很高兴。现在让我们来详细地谈谈，如果我没有弄错的话，"他转向坐在前排的杜霞，"你提到了纳德松，是吗？"

"是的。"杜霞肯定地说。

"我还不知道你姓什么。"

"我姓穆列尔。"

"名字？"

"杜霞。"

教师从眼镜的上方看她。

"好吧，请你告诉我，杜霞·穆列尔，你为什么这么喜欢纳德松？"

他站在杜霞旁边，像一位老朋友那样同她谈话。杜霞十分轻松地回答：

"我会为他哭泣。"

这么奇怪的回答，顿时使笑声停息下来。谢尔盖·米哈依洛维奇问道：

"你认为这是诗人最伟大的地方吗？"

....
① 普希金（1799—1837），俄国诗人、剧作家和小说家，被誉为"俄罗斯文学之父"。——译注
② 果戈理（1809—1852），俄国作家、讽刺文学大师。——译注
③ 莱蒙托夫（1814—1841），俄国作家、诗人。——译注
④ 托尔斯泰（1828—1910），俄国作家、思想家、哲学家。——译注
⑤ 纳德松（1862—1887），俄国诗人。——译注

"我认为是。"杜霞继续说道,"因为没有什么别的能让我哭。"

对于这样的表述,不仅全班同学笑了,连新老师也笑了。

达尼娅坐在杜霞后面,谢尔盖·米哈依洛维奇看了看她。

"你,我记得是喜欢托尔斯泰?"让全班同学惊讶的是他也记住了她。

"我提到他是因为我不能一下子说出所有我喜欢的作家。"

"很好,这么说你有许多喜欢的作家,但第一位是托尔斯泰?"

"还有其他作家也是第一位的,但是,不能和他相比。最靠前的还是托尔斯泰。说说为什么?"

"请说。"谢尔盖·米哈依洛维奇仔细地看着那张目光闪耀的活泼的脸,回答说。

"因为当我读完《战争与和平》时,我那么思念娜塔莎、索尼娅、安德烈公爵和小尼古拉。我好像就长在他们家里,又从他们身旁被带走了。我简直找不到自己的方向。而当我又一次读这部小说时,感觉像回家了一样。"

显然,新老师对这回答非常满意。

"是这样的。"他说,"是这样的……你已经发现了伟大作家最精彩的一个特性:他们作品中的主人公成了我们的朋友,我们热爱他们。一合上书本,就会遗憾与他们分别。"

老师又同几位同学交谈,气氛一直是那么愉快。

"请原谅,你叫什么名字?我也许没有听清楚。"

他在一位身材非常瘦小,有着一双大大的浅蓝色眼睛的姑娘身旁停下。

"我没有说我喜欢谁。"她轻声地回答。

"谁也不喜欢吗?那是为什么?"

"原因是我不能确定我更喜欢哪一位,是普希金呢,还是陀思妥耶夫斯基[①]。"

老师显然有点惊讶。

"陀思妥耶夫斯基?"他反问道,"你喜欢他哪方面呢?请你解释一下。"

"因为……"浅蓝色眼睛的姑娘慢慢地回答,"非常深刻,而且他同情所有的人……"她回答完,苍白的脸略微有点红。

"你说的很正确!"新来的老师非常和蔼地看了她一眼,"那为什么更喜欢普希金呢?"

姑娘想了一会儿。

"普希金……因为普希金身上拥有一切,就如同大自然一样。"

她回答完在自己的座位上坐下。看来她不想再说什么了。

谢尔盖·米哈依洛维奇在教室里慢慢地走了起来。

"我真高兴。"他终于停在讲台旁,从桌子上拿起校刊,"很高兴,在你们当中有……"他停顿了一下,寻找话语,"将会产生对文学有真切渴求的,怀有真挚的、可谓深刻的情感的舞蹈家。我想要你们大家了解,什么是文学和它的创造者。不是从形式上,而是从本质上了解这一项劳动的实质……请问你姓什么?"他转向瘦弱的喜欢陀思妥耶夫斯基的少女。

"乌兰诺娃。"女生轻轻地回答。

[①] 陀思妥耶夫斯基(1821—1881),俄国作家。——译注

"难道你不喜欢托尔斯泰?"

"他的作品我读的不多,没来得及……"她不好意思了。

"那你读了陀思妥耶夫斯基的哪些作品呢?"

"《被侮辱与被损害的》《穷人》《涅朵奇卡·涅茨瓦诺娃》。"

"这很好。"谢尔盖·米哈依洛维奇说,"但是我希望你也喜欢托尔斯泰的作品!"

他走向坐在远处角落里的红头发的艾尔莎。

"我记得你。"他对她说。这再次引起了大家的惊奇。他怎么能把大家都记住的?

"你说你喜欢果戈理是吗?他是你喜欢的作家?果戈理是不能不爱的……"

"是的。"艾尔莎庄重地回答,"因为他是那么不可思议!"

谢尔盖·米哈依洛维奇忍住笑。

"是的,果戈理的幽默是不可复制的,他的光辉无与伦比。请记住他的话:'用苦涩的笑来笑'。你们仔细地思考一下他说的这句话。我相信随着年岁的增长你们会明白的。"

他登上台,从皮包中拿出一本《托尔斯泰文集》。

"为了尊重严格制定的教学大纲,我应该从早期的作品开始讲授,苏联当代文学我们将在下学年学习。现在我给你们朗读《战争与和平》中的一章。别害怕,这不是在描述战争事件,那些事件你们很难弄懂的。这一章中描写的事情与你们比较相近。"他说完,微笑着打开书本,"让我们一起来读关于第一次舞会的描述,年轻的娜塔莎·罗斯托娃被带来了。"

乌兰诺娃无法解释为什么会这样(她直到现在还来不及完整地读完《战争与和平》),关于这一章——娜塔莎·罗斯托娃的第一场舞会,她并不了解。

她边听边想,如果她处于娜塔莎·罗斯托娃的位置,参加第一场舞会后她也会有同样的感觉。后来所写的一切,她认为根本不是娜塔莎,而是她本人。她迷惑不解地听着,好像一位已经猜透她想法和感受的魔术师在讲述,这让她感到惊喜,能够猜到她个人感受的每一个细节真是一件奇异的事情。

朗读结束时有几个人请求道:

"继续朗读,谢尔盖·米哈依洛维奇,请继续……"

但是谢尔盖·米哈依洛维奇把《托尔斯泰文集》收到自己的皮包里去了。

"不,"他坚定地说,"你们可以下课后自己读。我给你们朗读这一章有特别的目的。你们听到这一章,不感到奇怪吗?"

"我感到奇怪。"爱思考的艾尔莎思考着说,"他们从哪里弄到这么多钱来举办舞会?"

"好的,关于这个问题,我们在课余的时间再讨论。"谢尔盖·米哈依洛维奇回答,"还有谁对这一章感到惊奇吗?"

"我有。"乌兰诺娃怯生生地说,"托尔斯泰怎么能知道小姑娘在第一次舞会中的感受?他是个老人,而且他是个男人。"

谢尔盖·米哈依洛维奇笑起来,显然对这个提问感到满意。

"正是如此。"他看了一眼自己的学生们,"只有真正伟大的作家才具备这种可贵的天赋。正如一位诗人所说,'给人以感同身受的惊喜'。托尔斯泰传递出的少女的激动和喜悦,如此美妙,就仿佛他就是娜塔莎·罗斯托娃。只有伟大的作家才能表达别人的心声。如果不能这么深入地了解人的精神世界，就没有真正的作家；就如同不深入接触大自然，就没有真正的画家。我说的你们明白吗？"

"明白，明白！"

谢尔盖·米哈依洛维奇听着全班同学友好的齐声喊叫声，她们年轻激动的面容、闪闪发光且充满共鸣的眼睛让他确信这是真的。

下课铃声早已响过，下课了，窗外的云雾浓密地笼罩着。可是没有人想离去。

谢尔盖·米哈依洛维奇对班上的同学继续说道："'给人以感同身受的惊喜'这是一种才能，你们应当具备它。当你们在完成某个角色时，你们会感受到这一点的，虽然直到现在我还不明白你们是怎样借助双腿表达的。我就直说了吧，在芭蕾方面我一窍不通。"

"但不论怎样，总有某种芭蕾舞剧是您喜欢的吧？"达尼娅的眼睛闪着调皮的小星星，她愉快地问道。

"啊，坦白说，我几乎从未看过芭蕾舞表演。现在我是一定要去看的。"

这时，艾玛·叶果洛夫娜打开教室的门，她大吃一惊，全班同学都在愉快地笑着……还是和新老师待在一起！但是这些已经是高年级的学生了，她不能采取任何严厉的措施，只能以简短的通知来限制她们，她语调生硬："食堂早就开饭了。晚上全体排练！"

她打开教室的门，让兴高采烈的学生从身旁出去。

"怎么样？"新老师轻声问道，一边笑着，一边把皮包扣上，

"你们今天会有感同身受的惊喜吗？"

"不会，谢尔盖·米哈依洛维奇。"达尼娅很快地转过身去，伤感地回答，"不过是重复日常的群舞罢了。"

文学课从第一天开始就成了全班同学热爱的课程，连最懒散的学生也认真地听课。

每逢星期日整个班级的同学都要去买书。上半学年结束时，达尼娅大声地对全班同学说，加利娅·乌兰诺娃把所有的书都读完了，她现在没有书可读。这一说法引来了谢尔盖·米哈依洛维奇愉快的笑声。但根据女生们准确无误的判断，老师在这一天情绪有些不佳。

快要到春天了，考试临近。全班同学已经把谢尔盖·米哈依洛维奇看作世界上最好的老师，也看作自己的朋友，把《俄罗斯文学史》看作世上最有趣的课程。连学习很差的学生在考试时也能考出好成绩。校长在考试委员会的会议上对谢尔盖·米哈依洛维奇表示感谢。

随即大家就弄清楚老师最近上课时为什么情绪不佳了。在校长问他是否愿意在来年教授两个班级的课程时，谢尔盖·米哈依洛维奇回答说明年他将不再留在列宁格勒了。

"怎么会这样？您是开玩笑吧！"校长几乎喊了起来。

"不，我是认真的。我在基辅生活过多年，那边邀请我去文学史教研室工作。那里是我妻子的家乡，我若拒绝去那里会让她难过。五天后我将离开这里。"

也就是五分钟的时间，这个不好的消息已经传遍了全校。

尽管高年级同学考试成绩优秀，但全班同学依然唉声叹气。

达尼娅坚定不移地表示：

"在谢尔盖·米哈依洛维奇之后，不再跟任何老师学文学史！"

五天后，全班同学给谢尔盖·米哈依洛维奇送行。

车厢里到处塞满了鲜花，好像芭蕾舞团出行。谢尔盖·米哈依洛维奇将头伸出窗外，看着并排站在那儿的达尼娅·维切斯洛娃和加利娅·乌兰诺娃。他说："你们两人那么友好，这是很好的，你们两人可以取长补短。我认为你们在未来的创作道路上也会互相帮助……我终究还是没有来得及去看芭蕾舞表演。但是看见你——乌兰诺娃在学习期间的演出，尽管我在这方面懂得很少，我依然相信你具备极为认真和良好的禀赋。请你一定要爱护这份财富，发掘它……告别时跟你们大家说些什么好呢？"他慈爱地看着站在车厢旁的自己的学生们，"谢谢你们大家对我如此友好。如果可能的话，请你们不要忘记我们短暂而坚固的友谊，请你们大家到基辅来……要热爱俄罗斯文学！请你们写信将自己的学业告诉我。我将给大家一一回信……哦，火车开动了，祝大家幸福！"

"您也一样！祝您幸福！谢谢！"友好的声音在空中飘荡。

谢尔盖·米哈依洛维奇将头伸出窗外，久久地看着那些依依不舍的面孔，他们手中挥舞着手帕还有帽子。

这位老师在自己不长的教学时间内引导戏剧学校的学生们真正爱上了俄罗斯文学，有许多学生甚至将这种爱保持到永远。

7. 再次来到"儿童村"

两年后,加利娅和达尼娅在一个美妙的夜晚再次见到"儿童村"里那些熟悉的地方。这天晚上,加利娅第一次没有躺下睡觉。

她们被允许去参加一位刚毕业的女生举行的晚会。这位女生的父亲是个铁路员工,在巴甫洛夫斯克和"儿童村"之间有一座小房子。

早春的朝霞升起时,加利娅和达尼娅走出闷热的房间,来到小小的阳台上。明亮的天空中,从未见过的日出时温柔的霞光照射着她们。

她们像儿时一样手拉着手从小楼梯上跑下来,到落满露水的草地。那里还笼罩着没有完全散去的昨晚的雾。

"我们赛跑吗?"加利娅问。

"跑呀!你知道……你猜,往哪儿跑?"达尼娅还像儿时一样问道。

"你一辈子都要猜谜!"加利娅笑起来,"我知道往哪儿跑。去看看我们原先的老别墅,猜对了吗?"

"猜对了!"

于是她们跑了起来。

是不是因为她们疲惫不堪想要睡下，又或是因为她们从未见过清晨第一缕阳光照射下的露水……后来她们回忆起那一夜来，总怀疑那是否真实存在，会不会只是一个奇妙的梦境！

她们来到古老的尤苏波夫别墅前。穿过巴甫洛夫斯克公园绿草如茵的草地，再经过公园深处保存完好的林中小道，她们爬过篱笆，在侧厢古老的塔楼前停下脚步。

她们当年还来不及进入的塔楼，现在显得很高大，在阳光的映照下仍旧那么神秘。

熟悉的丁香灌木丛，树叶还未长出来。熟悉的小路、高大的喷水池、黎明时小鸟的第一声啼鸣、那座椭圆形的礼堂……面对即将降临的生活——毕业后顺理成章进入舞蹈学校参加工作，为争取创作个性而坚持斗争（这种斗争已经开始，但随着创作特征越来越鲜明且独特，斗争也越来越剧烈），在不断迫近的未来面前，她们经历的这一切像是一场奇妙的梦。

8. 和全国在一起

时间匆匆流逝。夏天和秋天都过去了，迎来了严寒的一月。火车窗外混浊的乌云不断地向后退去，黑暗中红色的火星时时出现又熄灭。

加利娅躺下睁着眼睛在思考，她感到惊讶，妈妈竟然睡着了，而她却彻夜难眠。

她请求妈妈带她去莫斯科。

爸爸说："玛申卡，依我看，加利娅是对的。她已经十四岁了。她能够明白发生了什么事。"

事情是这样的。加利娅从未见过的一个人①去世了。对她来说，与这个人的名字联系在一起的事情很多很多，因此她觉得她认识这个人，永远都认识他。

加利娅知道，对于所有的人来说，从她伟大的祖国到这个国家的每一个小家庭的新生活都是伴随他而来的。

如今他去世了，永远地走了。

加利娅从未想过，而且无法想象，这个人的死亡会是她生活中如此重大的事件。

她看到人群数小时站在严寒的暴风雪中受冻，只为了最后能看他一眼。她与成千上万的人一起感受这让她震撼的庄严肃穆的一瞬间，整个国家都在与他告别，她这时才明白，这个人的生命并未终止，他并没有离开人世。加利娅和剧院的代表们一起穿过大厅，所有的圆柱都用怀念死者的丝带和绿树枝包裹着。乐队演奏的乐曲低沉而庄重，听起来像压低的哭声。加利娅觉得广大的人群、和她在一起的剧院的同事们、妈妈，仿佛正在和他告别，并承诺忠于他的遗训，一生一世纪念他。

车厢外是漆黑的夜，火星时隐时现。

加利娅睁着眼睛躺着，思考着。她在想，人们的生活各不相同，

---

① 指1924年列宁去世。——译注

个人的生活怎样才能在大千世界留下巨大的痕迹呢?

这件事发生在一月,一个严寒的刮风的夜里。

9. 磨炼与斗争

"是的,很可爱……但她怯生生干巴巴的,很冷淡。"

那些分不清冷漠与严肃、胆怯与清纯之间差别的人常会这样议论乌兰诺娃。

那些嫉妒的朋友们经常搬弄是非,这些议论很快就传到加利娅的耳中。她渐渐对自己失去信心,经常不知道该做些什么,或者觉得她做的并不是她想要做的事情。就连妈妈那些鼓励她活泼一点的话也帮不到她。加利娅同妈妈朝夕相处,她在各个方面都信任她,但不论是妈妈还是爸爸(有一回他在后台说,他为女儿的工作感到惊喜)都帮不了她。她甚至自己也讲不清楚究竟是什么在折磨她。由于天性腼腆,她很害怕同大人谈话。她被一个恐怖的念头吓到:突然间她就什么都不知道了。

各种排练也变得很折磨人,因为加利娅越来越强烈地感到只学会跳舞的技能还远远不够。她对跳舞有着极高的艺术追求,她认为舞蹈能催人落泪、震撼人心,这正是著名的舞蹈家所具备的能力,但她却无法向人说清楚。加利娅努力地学习一切,如有关生活和工作的事物,比如伊斯托米娜①扮演的各种角色,比如格尔采尔②和令人惊羡的邓肯③,更多的是有关巴甫洛娃④的事迹。

加利娅迫不及待地盼望学业结束,想赶紧转入技术学校里去。那里有技艺高超的艺术家,会让加利娅的新生活更加精彩,也会启发她关于传统的经典芭蕾舞的新思维。

现在,在仅有的几个没有演出的晚上,加利娅会去听音乐或沉浸在阅读中。她如饥似渴地读诗歌和艺术史,特别是音乐史,因为音乐对她来说更亲切易懂。音乐是无言的,但是每一部音乐作品都引起她难以抗拒的、要用手势和动作来抒发感触的欲望。

"你明白吗,达尼娅?"加利娅同自己最好的朋友一起听肖邦的《巴拉达》⑤时说,"可以把这运用到经典的芭蕾舞中,只是要完全不同于通常的跳法,要穿宽松的短袖和芭蕾舞裙。你认为呢?邓肯在自己的舞蹈中不仅表现了舒伯特和肖邦的音乐,甚至还有贝多芬的。"

达尼娅几乎在任何时候都是同意加利娅的,但她并不像加利娅那样一直拿和艺术有关的问题折磨自己。最近几年达尼娅已经成长为一位优秀的舞蹈家,她轻松愉快地沿着自己的道路往前走,

---

① 伊斯托米娜(1799—1848),俄国芭蕾舞演员。——译注
② 格尔采尔(1876—1962),苏联芭蕾舞演员。——译注
③ 邓肯(1878—1927),美国舞蹈家,1921—1924年侨居俄国,是诗人叶赛宁的第一任妻子。——译注
④ 巴甫洛娃(1881—1931),俄国芭蕾舞演员,曾演出圣桑作曲的《天鹅之死》等名剧。——译注
⑤ 肖邦的一首叙事谣曲。——译注

而加利娅却时时刻刻都在寻找着尚未开启的思想大门。关于自身和工作,她总是疑虑重重,并因此万分苦恼。

高年级的学生没有单独的房间,但是在宽大的卧室尽头用很深的拱门隔开了,有几名学生住在拱门后面。她们在这里不仅可以比其他人睡得晚,还可以躺在床上读书,虽然这些都是被严格禁止的。

加利娅读到深夜,清晨很难早起,但是又必须去参加每日必做的常规训练。她匆忙地穿上练功的针织内衣,外面套上短衣裙,检查了一下鞋带是否系紧,然后沿楼梯往下跑,进入排练大厅。

在门口最醒目的地方贴有本年度的排练计划:

"毕业班同学将上演独幕芭蕾舞剧《弗拉芒人[①]塑像》,乌兰诺娃扮演主要角色。"

再过一天就要开始辛苦的正式排练了。

这是一项极为困难的工作,也是加利娅在学生生涯中唯一想拒绝扮演的角色。但是她既不能拒绝,也不能缺席。在第三次排练时,加利娅在做了一套复杂的动作后意外扭伤了脚。她睁着饱含泪水的眼睛,不知所措地站在那里。她在想:"莫非没有谁能代替我了?莫非这出戏要中断演出了?"

老芭蕾舞教师薇洛夫斯卡娅神情极为惊慌地跑到她跟前:

"怎么回事?"

"尤里娅·尼古拉耶夫娜[②],"加利娅请求道,"我扭伤了脚,换一个人来代替我吧!脚不行了。我随便做点什么吧。"

....
[①] 弗拉芒人,比利时两大民族之一,分布在比利时、法国、荷兰。——译注
[②] 即上文提到的教师薇洛夫斯卡娅。——译注

但是薇洛夫斯卡娅断然拒绝了她的请求。

过了两天,加利娅继续排练了,但在进行强度很大的排练时,她会穿上一只橡胶袜子,把脆弱的双脚包好。

在准备学期考核的同时,毕业大戏的初期排演也开始了。

在薇洛夫斯卡娅指导的毕业大戏——莫什科夫斯基[①]的《华尔兹》中,学生奥布霍夫为加利娅伴舞,排演这场戏的工作极其艰辛,与之相比,其他的一切都只是儿戏。

乌兰诺娃在《华尔兹》中的演出得到一致好评。加利娅得到意外的鼓舞,增强了信心和力量,她不再像原来那样一想起毕业大戏上演的那天就惶恐不安。就连在几部新作品(同波戈莫洛夫一起表演的《肖邦舞曲》,同奥布霍夫一起表演的《胡桃夹子(节选)》)的排练中,她依然感到轻松自如、心满意足。

另外,加利娅直到现在才明白,和爸爸一起去戈克捷别尔的海边度过的夏天也使她增加了许多见识,汲取了许多力量。

加利娅热爱欢快热情的克里米亚:雅尔塔、古尔祖夫、锡梅伊兹,到处都是树木、花朵和人群;但是她最爱气候严酷到植被稀少的戈克捷别尔。这个地方让她联想起古希腊,风从山崖那边吹来,带来斜坡上蒿草的气味,天空上的云彩正朝山谷的缝隙隐去。

加利娅常常这样想,如果没有在戈克捷别尔晒太阳,她就没有足够的力量去参加这个充满决定性的冬季的紧张工作。克里米亚的日光浴和有着蒿草、滚烫的石头和海洋气味的空气,在寒冷多雾的冬天让她精神抖擞,给予她力量完成毕业演出。

[①] 莫什科夫斯基(1854—1925),波兰钢琴家、作曲家。——译注

10. 发生在白夜①里的事情

加利娅毕业演出的前两天,祖母从老家拉赫塔来了,她比所有人包括加利娅自己都紧张,每天晚上她都要喝一些安神的药才能入睡。她经常怜惜和担忧地看着小孙女。

而加利娅同达尼娅从学校里溜了出来,跟亲人待在一起,但她没有向妈妈透露自己紧张的心情。加利娅同达尼娅很有默契,不需要语言表达就能了解对方的感受。这些天来达尼娅已经没有闲心猜谜了,空闲时她们便在学校里散步。她们在睡梦中仿佛也充满焦虑、害怕、期待和希望。

这一天终于到来了。演出一直进行到夜里一点钟,这场毕业考试以罕见的圆满成功为结束。

祖母数花篮都数累了,加利娅得到十二只,达尼娅也是十二只。这些花篮不只是庆祝她们学业结束,也是为这两个学生准备的、欢迎她们进入人数不多的大艺术家圈子的见面礼。

人们在剧场出口处等待她们。这是夏天的一个特别的夜晚——列宁格勒的白夜。天空苍白而略显发蓝,多余的街灯闪烁

---

① 白夜,亦称极昼,指高纬度地区夏季特有的不黑之夜,通宵达旦天全不黑。——译注

着,淡淡的光辉照亮着一幢幢清晰可见的楼房和梦境般的石墙。

在这温柔愉悦的光照中,拿着花篮和大束鲜花的人们潮水般地跟在两位神采焕发的姑娘后面。

在果戈理街(柴可夫斯基曾经在这里居住过)加利娅的家里,一切都准备好了,等着迎接她们。妈妈和奶奶神采奕奕,满面笑容地站在门前等候。春天,晨曦中可以呼吸到温暖的空气;春天,在铺着雪白桌布的大桌上散发着新鲜黄瓜的清香;春天,还让人想起冷冻的小牛犊肉和鲜绿的蔬菜沙拉,爸爸会亲自为大家往高脚杯里斟满金灿灿的葡萄酒。

狂风、暴雨、浓雾,以及难以克服的各种困难、斗争和疑虑——一切都已熬过去,都成为过往。春天的朝霞在楼房清晰的轮廓上方发光。苦闷的日子和困难的岁月都已经成为往事,全新的创造性的生活即将到来。

第四章　走自己的路

"最主要的是,加利娅,要把每一个角色都当作活的形象,注入真实的感情。这形象对您来说应当永远是新的,是专属于您乌兰诺娃的,具有您的演员的个性。"

1."丑小鸭[1]"

  曾经的年轻人幻想得到一份真正的工作,却又没有希望能得到它。而在十月革命以后,年轻人不再沮丧地在剧院的长廊徘徊,有才华的芭蕾舞演员已经能够摆脱伯爵、公爵们的保护。加林娜·乌兰诺娃在这个时候已经有权利进行真正的创作活动。真心爱护有才华的年轻人的芭蕾舞导演立即将乌兰诺娃推向重要的工作岗位。

  于是剧院里传开了:刚从学校毕业、崭露头角的芭蕾舞演员乌兰诺娃在《天鹅湖》中要扮演最重要也是最困难的角色,而另一位新手达尼娅也将在重要舞剧中担任主角。这还算不了什么,《天鹅湖》中的两名主角奥杰塔和奥吉莉亚[2]都由加利娅扮演。见过这样的事吗?难道这是可能的吗?她扮演不了这样的角色!

  更糟糕的是,说这种话的不仅是那些嫉妒她的朋友们,连加利娅自己也是这样想的。尽管有足够多的排练,但随着演出的临近,她越来越感到害怕了。

---

[1]《安徒生童话》中,丑小鸭最终长成了美丽的天鹅。现在多指才能起初未被发现的人。——译注
[2] 奥杰塔是白天鹅,代表善;奥吉莉亚是黑天鹅,代表恶。——译注

这一天加利娅忐忑不安,仿佛在浓雾中徘徊。从清晨开始,她一直没能把冰冷的手脚暖和过来。

加利娅一整天反复地想着舞蹈中的所有细节和音乐中的所有段落。

演出的夜晚不知不觉地来到了。加利娅坐在化妆室的镜子前,女理发师纽洛契卡细心地在她的头发上别上两只白天鹅的翅膀。

"纽洛契卡,不会掉下来吧?"

"别担心,您怎么啦?"

镜子中,加利娅头发卷曲、脸色苍白,一双蓝眼睛正在悲伤又十分专注地盯着自己。

"脸上擦点红粉!擦点红粉!"化妆师雅可夫·彼得洛维奇急促地说,用兔爪一样的手轻轻地碰了碰加利娅苍白的脸颊。

舞剧中的奥吉莉亚是怎样的,加利娅后来已经回忆不起来了。她只记得,有浓雾,很厚重的雾,透过它可以看到前面点着的篝火,不知是谁的一双脚在一闪一闪地跳动着。但是到后来,加利娅明白了,这双脚是她自己的。小提琴的乐曲声冲破浓雾,指挥正在挥动着指挥棒。

连妈妈也回忆不起来有关这场舞剧的情形了。

事实上妈妈确实也没看到什么,因为舞剧刚开始时,坐在演员包间里的她站起身来,走到没有人的包间深处。妈妈在那里激动地等待着加利娅这场舞剧的结束。

包间里可以清晰地听见柴可夫斯基的音乐。大厅中有人在鼓掌,爸爸用手帕擦着额头的汗,身子转向妈妈说:"玛申卡,你瞧,一切都很顺利!"

这时妈妈才走出来,看到加利娅站在舞台前沿,正下蹲行屈

膝礼答谢观众。加利娅苍白的脸上目光闪烁,流露出难以抑制的紧张。

爸爸和妈妈是那么幸福,连加利娅也感到幸福。但是当她听到同伴中有人开玩笑地说:"就这个乌兰诺娃,与其说是天鹅,倒不如说是丑小鸭!"她瘦小的脸上愁眉不展。

加利娅攥紧双手,想起童年时期喜欢的那本带插图的书籍,那里面就有丑小鸭。她喜爱的童话中丑小鸭最终变成了美丽的白天鹅。

加利娅很可怜那只丑小鸭。

2. 走自己的路

在头几次演出之后,加利娅不得不因韧带的酸痛躺下了,她又一次怀疑起自己所做的事情。尽管报刊的反响很大,观众的赞赏声不断,她还是觉得自己应当比普通的古典芭蕾舞演员做得更好,要做到更加无与伦比。

再有经验的大师也会对她的问题感到莫名其妙。古典芭蕾舞中,大师们会轻易地、精确而轻盈地表现出一系列固定不变的姿势和动作,而加利娅在寻求所谓的"舞台形象"。她自己也解释不清楚,到底想要什么。她继续工作着,但没有从中得到原先的那种满足。

春天来临,她仍然处于这种状态,病痛也伴随着她,于是医生让她到叶先图基去疗养。

在这里,加利娅偶遇了一对夫妇,这次相遇改变了她的艺术道路。

女演员德尔诺娃和她的丈夫德尔诺夫专业完全不同:他的科研工作与女演员演出的剧目和角色完全不搭界。加利娅从未见过像他们一样如此真正地热爱艺术的一家人。这家人温暖而愉快地接纳她。从第一天来到这里,加利娅就明白,她在这里能够找到她之前找不到的东西。她日复一日地来到这个家庭中,或与女主人、或与男主人进行长时间的谈话。这使她明白,她自己对艺术的追求是正确的,每个真正的艺术家在创作道路上都难以避免地会有这样的期望。

加利娅所追求的正是舞剧角色身上所缺少的东西。她觉得目前的舞剧中,角色都是空洞的,只是女演员的技巧同舞蹈的结合,芭蕾舞蹈家与演员合成了一张面孔而已。

德尔诺夫家经常高朋满座:有来休假的艺术家,年老的指挥家,巡回演出的演员们。

起初加利娅还是习惯性地害怕,怕自己什么都不懂,尽量不参与这些人的谈话。可是他们谈的内容是那么有趣,正是她所需要的。她渐渐忘却自己的恐惧心理,加入大家的谈话中。

3. 谢谢你,谢利格尔!

离下一个演出季开始还剩下两个星期的休息时间。有一天早晨,尼古拉·谢尔盖耶维奇·德尔诺夫说:"怎么样,加莲卡,同我们一起去谢利格尔吧?我们要到那里去几天。如果您和我们一起去,还能看看当地的风光。那是怎样的湖啊,您从未见过。"

"不用和她商量。我拖也要把她拖去。"德尔诺娃说,"怎么样,加莲卡,是您自愿去呢,还是我们拖着您去?"

加利娅回忆起晓尔湖,想象着这次出行中同两位挚友的聊天会给生命带来怎样的改变。她立即同意了。

相比在这美丽的湖边度过的两个星期,晓尔湖只不过是儿时的玩具。在这里,加利娅在小船上划桨,从早到晚用网捕鱼。这给她留下终生难忘的记忆,也为她的艺术创作带来巨大的影响。

广阔的湖面一望无际,湖上有许多小岛,岛上有古老的森林、一丛丛盛开的花朵。久久不散的晚霞深深地倒映在湖底,有如一片红宝石——这一切真是令人终生难忘!

终生难忘的还有消失在芦苇深处的小船上的长谈。

"您,加莲卡,"尼古拉·谢尔盖耶维奇按住木桨,注视着远方,"您要多倾听自己内心的声音,要走自己的路,一直走到底。艺术家有权相信自己。"

明亮的晚霞照耀着幽暗的湖水深处,德尔诺娃眯着眼睛缓缓地补充道:"最主要的是,加利娅,要把每一个新角色都当作活的形象,注入真实的感情。这形象对您来说应当永远是新的,是专属于您乌兰诺娃的,具有您的演员的个性……"

4. 一切重新开始

大家一起回到城市中来,开始自己的工作。对于加利娅来说,排练已经与以往不同,是全新的事了。

现在她知道什么是她想要的,她想要在自己的角色中拥有新的形象。在扮演司晨女神阿芙乐尔和冰姑娘时,她在同样的动作中注入了不同的内涵。

现在每当晚上空闲的时候,加利娅会十分愉快地跑到热闹的德尔诺夫家。他们的家在城里,经常聚集着许多演员和学生。

德尔诺娃仔细地听加利娅讲述工作时产生的新疑惑。她忽闪着眼睛,极具吸引力地说:"为了能掌握角色,首先应对形象有感觉,如同自己亲身经历一样。"

"要了解自己的时代，"尼古拉·谢尔盖耶维奇补充道，"可以从建筑、音乐甚至服装入手。加莲卡，需要了解很多很多的东西。"

在完成每一个角色时她都会获得新的思维。

在她初出茅庐的那几年里，她出演了许多部芭蕾舞剧：《雷蒙达》①《睡美人》《天鹅湖》《冰姑娘》等等。她也曾多次看其他人怎样演出。当她还是个小姑娘、一个刚毕业的学生时，她为主角的舞蹈和服装赞叹不已。但是，随着她的成长，这些已经不能满足她。现在她明白这是什么原因了。

加利娅突然想到，如果一位芭蕾舞演员穿同一套普通的练功服完成所有角色，别人能够分清不同的角色吗？不，在这样的情况下是分不清《雷蒙达》和《冰姑娘》、《睡美人》中的司晨女神阿芙乐尔和《天鹅湖》中的白天鹅的。那么芭蕾舞演员由一个角色转换为另一个角色时，其身上应该有什么变化呢？

显然，发型、妆容、服装都会改变。但形象的外部应当与其内在气质相符合，因为内在气质造就了外部形象，这让加利娅感兴趣。可是那些芭蕾舞演员并不注重角色的内在气质，只重视充分发挥舞蹈技巧后引发的喝彩。

在第一次与乐队一起排练《睡美人》时，乌兰诺娃站在舞台旁等待上场，聆听着宣告舞蹈开始的音乐。至于舞蹈的结构和舞步她早已掌握，她已经不是第一次演出了。

但是现在她第一次不再想她跳得怎么样，而是关注她扮演的是谁。阿芙乐尔以前只是一个角色的名字，现在在她的头脑中是

---

① 古典芭蕾舞剧，1898 年 1 月 7 日于圣彼得堡首演。——译注

一个有血有肉的、光芒四射的、充满快乐的生命。阿芙乐尔就像从云雾里飘出来，与加利娅的身心融合在一起。舞台上跳动着的不仅仅是加利娅·乌兰诺娃，还是司晨女神。此时此刻，在小提琴悠扬的乐曲中，加利娅·乌兰诺娃变成了一位十六岁的公主，充满喜悦、快乐。因为今天是她的生日，来自全国的客人们前来庆祝，她将和其中最优秀的一位跳舞。年轻的阿芙乐尔（也就是加利娅）心中充满愉悦，直到悲惨时刻到来，她的手指被纺锤刺破，她沉睡了一百年。

阿芙乐尔真正成了加利娅身心的一部分。

现在来看看《冰姑娘》。这是加利娅的身体在地面上滑行吗？她的每个动作都那么准确且清冷，像一弯新月在寒冷的天空中闪光。她和快乐的阿芙乐尔相差那么远。但无论是阿芙乐尔还是冰姑娘，都生活在加利娅心中，她们都是加利娅塑造的。加利娅的双手举起伸向天空，就像一双翅膀，把她带到了舞台的木地板上。她仿佛置身于雪地中。

如今对加利娅来说，所有的角色、所有的形象都是活生生的人物。舞者已经成为这些形象内在气质的表达者。

然而最为美妙和重要的是，现在加利娅开始意识和感受到自己的艺术个性了。

5. 从《纺织娘》到莎士比亚

一个冬夜,他们三人在音乐会结束后步行回来,一起到德尔诺夫家吃晚餐。

暴风雪刚刚在荒凉的结冰的河面上刮过,现在它停息了,绒绒洁净的雪像泡沫覆盖在大桥的铁栏杆上。列宁格勒的巨大建筑在天空中勾勒出雄伟的线条。

这里听不到电车的声音,在这寂静无人的夜晚,加利娅能听到的只有在记忆中回响的演奏完的音乐。他们三人在静静的河边停留了片刻,加利娅说:"音乐能传达人类心灵的所有感情和状态。音乐可以让人快乐、震撼,让人流泪、惊喜。为什么在舞蹈的动作中不能传递这种情感呢?舞蹈同样是了不起的艺术,对吗?"

"说得不错,"尼古拉·谢尔盖耶维奇回答,"这种艺术境界很少有人能够达到,只有极少数人。"

德尔诺娃搂着加利娅的肩膀,掸去她毛皮大衣上的雪花,补充道:"您可以做到,加莲卡,您有区别于其他舞蹈大师的特色,尽管我们已经有著名的一流的舞蹈演员。"

"我的特色?"加利娅看着路灯旁柔和闪烁的小雪花反问道。

"是的，您能赋予各种形象快乐、美妙、动人的感情色彩。"

"不仅如此，"尼古拉·谢尔盖耶维奇总结道，"我满怀信心地对您说，您能表达深切的哀伤，您的表现手法有着莎士比亚悲剧的色彩。"

没过多久，这个预言实现了。凡是看过加利娅·乌兰诺娃表演莎士比亚悲剧中的朱丽叶的，都不会忘却这一形象。

加利娅扮演的《巴赫切萨拉伊的喷泉》中的玛利亚情感饱满，更体现出某种不可捉摸的普希金式的鲜明色彩。在她扮演的玛利亚身上，在循序渐进的一系列事件中，能感受到普希金创造的主人公所经历的心境起伏：从跳着波兰马祖卡舞的小姑娘的快乐，到被俘到异乡的悲哀，到在真爱面前的恐惧……整部剧以她的死亡告终，令人难以忘怀。

但是她在表演莎士比亚的朱丽叶时所体现出的才华，是任何形象都无法比拟的。

朱丽叶这一形象纯洁、悲惨，这种无声的艺术表演，难道不比演员说出的独白更耐人寻味吗？

朱丽叶—乌兰诺娃从一个在舞台上时而玩耍、时而舞蹈的快乐奔跑的小姑娘，成长为一位以纯洁的爱来迎接自己命运的少女；从坐在老保姆膝上玩耍的小女孩，成长为被痛苦和爱情征服的女人。

6. 又一次没有猜中

演出后的晚上，朋友们在乌兰诺娃的家里庆祝她出色的演出。在为各位斟酒时，加利娅被请到前厅来。最枯燥的学科——代数课的老师捷尔加奇站在那里，他显得很腼腆，胸前抱着盛有自己心爱的那把小提琴的匣子，快步地走向加利娅。他激动得语无伦次，就像在解释谁也听不懂的代数学中的对数一样，边说边把小提琴递给加利娅："请收下，也就是说，这个送给您。因为它是我最喜爱的匣子，最喜欢的匣子，最喜欢的东西。由于……"

他停下来，突然很平淡地、轻声地道："加柳莎，今天我是从剧院直接跑回家去，拿了自己的小提琴来送给您。因为我没有比这把小提琴更好的东西了。而您，加柳莎，您是一位不同寻常的舞蹈家，出色的女演员！这就是我想说的。"

他转过身去准备离开。

加利娅默默地拥抱他，将他身上湿透的外衣还有帽子脱下来，把他领到大家的面前。他们是她最爱的人，正高举酒杯在等待她。敬爱的老师被加利娅请到最重要的位子上坐下来。

第二天，从学生时代起就最要好的达尼娅（朋友们戏说她与乌兰诺娃用一张嘴呼吸），去排练时顺路跑来找加利娅。

这是一大早,经过最后几场辛苦排练和激动人心的首演之后,加利娅累极了,此时还在睡梦中。但是达尼娅连外衣和帽子都未脱,径直跑到她的卧室里来,像在学校宿舍时一样坐在加利娅的脚旁,快速地说道:"加柳莎,快点猜我想对你说什么!"

加利娅醒来,莫名其妙地看着达尼娅说:"天哪,达尼娅,你完全疯了!"说完又闭上了眼睛。

"不,你别睡!请你清醒一分钟好吧。我完全没有疯。我跑来就是要告诉你,我看见了著名的……你明白吗?真正的著名的芭蕾舞女演员!你猜吧,她是谁?"

加利娅从枕头上抬起头来,问:"你又来了,和在学校里一样,又要猜谜!不让我睡觉。我怎么能猜得着呢?"

"反正都一样,你没见过她。现在说吧!"

"等等,达尼娅,让我想想,我认识她吗?"

"不太认识!"

"是吗?那你呢?"

"我当然比你强些……你猜不着吗?"

"猜不着。"

"就是加林娜·乌兰诺娃!明白吗?"

达尼娅说完后跳了起来,亲吻了一下加利娅,急忙赶往剧院去了。

"达纽莎[①]!你完全完全疯了!"加利娅笑着,在她身后大声喊着。

听了这些话后她完全睡不着了。连她这样谦虚的人,大艺术家加利娅,也睡不着了。

....
[①] 达尼娅的昵称。——译注

7. 转瞬即逝的幻影

  阿霞在照镜子时显得十分激动,她匆忙地整理自己蓬松的金色头发,脸色绯红地看着镜中的影像。

  是呀,与桌子上放着的那张照片相比,她已经改变了许多许多……从那以后过去了一年又一年。她们曾经是小女孩,而如今,她那位独自睡在小床上的名叫加利娅的小不点儿,已经是著名的乌兰诺娃。她在还是小姑娘的时候就注定要学习美好的舞蹈艺术,决不放弃它。

  "热尼亚,你觉得加利娅变化大吗?"

  "我认为她变化很大。"哥哥对她说。此时他已经穿戴完毕,站在桌旁翻阅报纸,等待阿霞。

  "比我的变化大,还是小呢?"

  "这我就说不清楚了。但我相信她会变得更好。"他说着,亲切地拍拍阿霞的肩膀,又加了一句,"和你一样!"

  几分钟后,他们来到大剧院广场,那里覆盖着被风吹动的小雪花。

  "哦,不,你想想看,我同加利娅已经好几年没见面了。她却立即在回复我的信中寄来两张票。我相信加利娅还和以前一样,尽管她现在已经很出名了。你慢慢走,我要往前跑了,我怕迟到!"

观众大厅很快就坐满了。乐队在调试乐器。

阿霞激动地看着四周,回忆起童年时在舞蹈学校和卫生室的病房中安慰她的瘦削的蓝眼睛小姑娘。

"真遗憾,这部舞剧从内容上看是那么陈旧。"热尼亚浏览着广告说,"旧得不能再旧,普通得不能再普通的舞剧。王子爱上了普通的姑娘,起初姑娘不敢接受王子的爱,后来却真心地爱上他。可是王子是有未婚妻的,姑娘知道以后疯了,死去了。这是第一幕的全部内容。而第二幕,看不明白是什么……"

灯光熄灭了……

布幕开始拉开,仿佛一只蝴蝶从遥远的水波汹涌的白斯特鲁基飞来,吉赛尔①—乌兰诺娃从遥远的童年飞到舞台上来。她的舞蹈有孩童的欢快,有孩童的纯真。她充满幸福,飞向前去迎接爱情,如同蝴蝶扑向火光。

怀疑和嫉妒的时刻来临——接着是叫喊声,好像受到致命的伤痛,蝴蝶扑倒在地……她站起来,捂着脸跑着离去。

她很快又转回来面对观众。这时观众看到的是另一个人的脸:绝望像一把死神的镰刀从她身上划过。吉赛尔—乌兰诺娃不是在她失去生气的身体倒地时死去,而是在绝望地捂着脸的那一瞬间就已殒命。

已经没有意识、实际上已经死亡的吉赛尔,仿佛她在模糊不清的记忆中,重复着往日儿童般欢快的舞蹈,重复着用小花占卜

---

① 吉赛尔为舞剧《吉赛尔》中的女主人公名。——译注

的场面。在死亡前的最后时刻，好像突然间一切都可以遗忘，一切都可以原谅，她投入母亲的怀抱，奔向所爱的人，倒在爱人的脚下。

此时此刻的乌兰诺娃会被永远铭记。

整个第二幕，乌兰诺娃以出色的技巧、轻盈的舞姿表现了姑娘早已远离幸福和痛苦的幻影。

此时她不是没有感觉的。她仅用举手这一动作就成功表达了对心上人的慈悲和忠诚。而那人已经背叛了她。

乌兰诺娃扮演的吉赛尔仿佛是一气呵成的。她轻盈如云彩，在地面上滑过，像转瞬即逝的幻影。而在这幻影中又充满动人的柔情和战无不胜的爱。

在回家的路上阿霞一直没有说话。她的眼前还晃动着加利娅的双手和面孔。这双手好像一对翅膀要把她带走……

直到阿霞用钥匙打开房门，站在自己的绘画作品前时，她还在想着剧院里看到的一切。灯光照亮整个房间。

"热尼亚，你是怎么想的，"阿霞问，"她会来吗？在学校时她说会来看我的绘画作品的。"

"我相信她会来的。"

"对我来说，也许，对所有的人来说，"阿霞看着自己的画，想起加利娅的脸，"在她出现的舞台场景中，一切都在变化。她是用内心的感受和思考在表演，是这样吗？"

"我的想法与你一样。她是一位真正的艺术家，真正的演员！我一定要去看她演的朱丽叶！"

"我就知道，"阿霞骄傲地看着自己的哥哥，"我的加利娅能征服所有的人。而《罗密欧与朱丽叶》，这是最好的芭蕾舞剧，到时候一定会在全世界上演!"

"你知道我想对你说什么吗?"阿霞的哥哥停顿了一下,"她已经不仅是你的,她将属于全国,也就是说属于我们大家。乌兰诺娃是我们大家的!"

8. 伟大的转折

在《吉赛尔》演出之后不久(确实是不久,年历上明确地记录了朝朝暮暮),阿霞的哥哥早上看完《苏维埃艺术报》,大声叫起来:

"你瞧,我那天刚对你说过,过不了多久,乌兰诺娃将属于全国,我的话得到了证实。在这个演出季她不仅将在我们这里演出,莫斯科大剧院也邀请她参加多项演出。"

这一天,说得准确点,是个潮湿的夜晚,乌兰诺娃和达尼娅·维切斯洛娃在同台演出之后来到基洛夫剧院前的大广场。在格林卡①雕像的周围,风徐徐吹过,将湿润的雪花吹向潮湿的阴暗处。

"我可不喜欢这样的天气!"

---

① 格林卡(1804—1857),俄罗斯作曲家,著有《伊凡·苏萨宁》《鲁斯兰与柳德米拉》等歌剧。——译注

达尼娅·维切斯洛娃皱起细细的双眉,她一脸的不满。

"我们列宁格勒通常就是这样的天气。"乌兰诺娃把身子紧紧地缩在毛皮大衣里,说道。

"我今天不想谈天气的事。"

"那你想谈什么?"

"谈你到莫斯科去参加多项演出的事。不难猜出,这事的结果是什么。"

"拜托了,你猜吧,我很感兴趣。"

"你到莫斯科去,就完全离开我们的剧院了。"

"未必吧。"

"你看吧!对我们的剧院来说——不光对我自己来说——这都将是很大的损失。"

乌兰诺娃怀疑地摇摇头。

"我和列宁格勒的剧院有着紧密的联系。我不能想象没有它我的生活将会怎样!"她坚定地说完这些话,将好友的手握得更紧了。

但是时间不停地流逝,改变着人们,改变着他们的生活,不知不觉也改变了加利娅的创作命运。

9. 数年之后

岁月的流逝并不完全体现在时钟的运转上,那时候人们还没有见过那种大钟,它们巨大的指针每年在此刻转身,发出特别的撞击声,向全世界宣告:"旧岁接新年。"

没有人见过这样的钟,没有人听过它们的钟声,但岁月、时间,在一刻不停地向前走。

第二次世界大战的恐怖风暴,以前所未有的规模在世界各地蔓延,给各国人民带来无尽的灾难。战争席卷了半个地球,它危及了人类在各个领域中积累几个世纪的劳动成果。战争留下了千百万孤儿、寡妇和孤苦老人,千百万破产的人、残废的人。生活赋予他们的一切在战火中丧失殆尽。

但人民争取和平、争取崇高而安定的劳动、为全人类创造美好生活的决心是不可战胜的。

还在战火肆虐、满目残垣,成千上万手无寸铁的人倒在废墟之下时,在已经解放的城市和村落的空地上,人们勤劳的双手已经开始忙碌着种植树苗,用鲜绿的嫩芽覆盖遭到毁坏的土地。

英雄城市列宁格勒,还有祖国的其他城市,努力抹去因遭受破坏而疮痍满目的痕迹,新生活开始了。有一些幸存的个人、家

庭和机关单位回到他们的故园。各种剧院也回来了,着手开展新的创作工作,改组和增加自己演出团队的成员。

像学生时代一样,达尼娅·维切斯洛娃这一次又猜中了:她的朋友及工作中最信赖的同志、列宁格勒歌舞剧院的首席演员加利娅·乌兰诺娃被邀请到莫斯科大剧院长期工作。

在一个美好的早晨,读者在刊登当季演出新闻和预告的剧院小报上读到有关这件事的报道。

时间不断地前进,生活在改变,新的时代敞开大门迎接新的愿望、新的要求和新的人们。

10. 尾声

米兰大教堂的白色大理石在夕阳照耀下璀璨明亮。意大利秋夜柔和的暗淡光线马上要替代白天的阳光。街上几乎还是亮的,但在拉斯卡拉[①]歌剧院(它不仅在意大利有名,在全世界也很有名)宽阔的大门前亮起了耀眼的电灯。热情的意大利观众兴奋激动地等待着。

晒得黑黑的黑眼珠男孩子们在叫卖报纸和海报,在人群中挤

[①] 拉斯卡拉歌剧院,位于意大利米兰,建于1778年,世界歌剧文化中心之一。——译注

来挤去，高声叫喊：

"俄国艺术家！加林娜·乌兰诺娃！"

人们迅速展开登有俄国音乐家名字的海报，上面还有瘦削、温柔得如同轻盈的云彩的俄罗斯芭蕾舞女演员的肖像。

加利娅今天要和为数不多的苏联演员一起在拉斯卡拉大剧院演出。在这个舞台上演出过的还有世界上最优秀的歌唱家帕蒂[①]、夏里亚宾[②]、索比诺夫[③]和优秀的舞蹈家安娜·巴甫洛娃[④]。

乌兰诺娃将在圣桑[⑤]的舞剧《天鹅之死》中展示自己（她的伟大的先行者已在欧洲成功地演出过）。尽管乌兰诺娃技艺高超，但作为俄国芭蕾舞演员中的新手，她还是有些紧张。

拉斯卡拉大厅响起了第一声铃，衣着华丽的观众热情兴奋地在自己的位置上就座。

俄国钢琴家和小提琴家的杰出演奏在第一时间就抓住了米兰目空一切的观众的注意力。

当乌兰诺娃在微弱的半明半暗的灯光下登场，整个大厅的观众手中的望远镜全都望向她的身上。米兰人从座位上站起来，为的是能更清楚地看见这大名鼎鼎的新星。

她用轻盈的舞步表现出少女和小鸟的动作，仿佛她不是在跳舞，而是在飞，连清新的空气也仿佛来自她的故乡。

舞蹈结束时，一只白天鹅，伏倒在地上，无力地轻轻合上自

[①] 帕蒂（1843—1919），意大利花腔女高音歌唱家。——译注
[②] 夏里亚宾（1873—1938），俄罗斯男低音歌唱家。——译注
[③] 索比诺夫（1872—1934），俄罗斯抒情男高音歌唱家。——译注
[④] 安娜·巴甫洛娃（1881—1931），俄罗斯芭蕾舞演员，曾演出圣桑的《天鹅之死》。——译注
[⑤] 圣桑（1835—1921），法国作曲家、钢琴家、指挥家。——译注

己的翅膀，濒临死亡。米兰的观众惊喜不已，群情激昂地回应她的表演。安娜·巴甫洛娃在这里的表演仍令人记忆犹新，新星乌兰诺娃却丝毫没有在这里怯场。"好！好！乌兰诺娃！好啊！"喊声久久地回响在慢慢变空的观众大厅。

两年过去了。大大小小的钟表上的指针沿着自己的圆圈不停地循环，时间随着它们一起飞逝。

时间向前奔跑的同时，各国人民越来越强烈地要求互相了解，打破横在他们之间的障碍。

文化背景各不相同的艺术家们、相距很远的各民族的人们开始感觉到他们是朋友和兄弟。中国、印度、法国的艺术家们来到为他们打开大门的苏联。苏联也派出自己的画家、演员、艺术家到遥远的国家做友好回访演出。

时间又过去了好几年，英国《曼彻斯特卫报》上刊登了下面的报道：

"加利娅·乌兰诺娃的名字在世界芭蕾舞评论家的眼中已成为传奇。"

这发生在1956年秋，莫斯科芭蕾舞剧团在伦敦科文特花园皇家歌剧院做巡回演出后。

秋天，英国的天空经常被浓雾笼罩着。承载演员的苏联飞机到达的那天，机场的雾非常浓重，以致飞机只能在距离机场很远的地方着陆。

秋天，高加索地区的黑海岸边，天空是湛蓝的，阳光洒在地上和水中显得那么温柔可爱，不那么炎热燥人。日落时分，天地间一刹那变得金光灿烂。

在太阳落入黑海这短短的时间里,有一位年轻瘦削的少女站在浪花翻滚的岸边。她这年春天刚从芭蕾舞学校毕业,手里拿着母亲(一位著名的画家)刚刚给她寄来的一份英文报纸。母亲给她寄这份报纸是因为乌兰诺娃是她学习美好和崇高艺术的表率。这位母亲就是曾经普普通通的小姑娘阿霞,与加利娅在同一个学校里学习过,如今成了一位著名的画家。曾经胆怯、害羞的小姑娘加利娅·乌兰诺娃也开始了自己伟大的创作道路,而当初在学校里她的代数考试还不及格过。

年轻的崇拜者拿着《曼彻斯特卫报》站在海岸边,倾听惊涛拍岸的声音,思考着传奇艺术家乌兰诺娃的生活和成长过程。

时间不知不觉地流逝着,时钟的指针奔跑着。四十年[①]过去了,在这期间,时光不停地向前,与人类的意志、劳动和天赋联手,共同将一位弱小羞怯的小姑娘改变成闻名世界的芭蕾舞蹈家。

但是,乌兰诺娃的名字已经成为传奇(她之后还有很大的成就),也就是说,这个名字会留存在艺术史中,时间已经不能改变这一切了。历史保存了莎士比亚和普希金的名字,也会保存他们作品中的主人翁——乌兰诺娃创造的朱丽叶和玛利亚的形象,还会保存她在未来创造的新的美好形象。

窈窕的少女站在海岸边,突然微笑了,愉快地沿着拍岸的浪潮奔跑,她光着的双脚温柔而有节奏地踏着浪化。她明白了,优秀的艺术作品是各民族人民的"和平鸽",都会成为传奇。时间要为全世界保护它们,会小心翼翼地在它们上方飞过。因为它们像喧腾的大海和我们头顶的天空一样永恒。

----

① 到作者写作时间(1958年)为止。——译注

译者的话

我大概是在二十多岁的时候买了《一个小姑娘的故事》（俄文版原名）这本书，当时年纪轻，加上工作忙、家务多，没有好好地读它。直到2015年，我已经八十岁，搬家的时候，它又重新出现在我的面前，这时候我得闲仔细地阅读它。

我为自己这么晚才了解全书感到十分遗憾。这么好的一本书，早该让它和读者，特别是青少年读者见面。因为它故事生动、情节动人，我们还可以从中了解到故事主人公成长的环境和奋斗的历程。于是我边读边想，我应该把它翻译出来，介绍给我国的青少年读者。在翻译的过程中，我又觉得此书成年人也可以读，因为它会让我们怀念起自己的童年，对我们养育小孩也有所启发。

我相信你会和我一样，深深地爱上它。

感谢作者玛格达琳娜·伊万诺夫娜·西佐娃用细腻的笔法将舞蹈家乌兰诺娃的童年和她少年

时期艰苦卓绝的奋斗精神传递给我们。感谢山东文艺出版社愿意将这富有教育意义的作品向广大读者推荐。谢谢大家！

沈灿星

2023 年 4 月

加林娜·乌兰诺娃（1910—1998年），俄罗斯芭蕾演员，出身于芭蕾世家。她曾两次访问中国，享有很高的国际声誉，1951年获苏联人民艺术家称号。代表作：《天鹅湖》《吉赛尔》《灰姑娘》《巴赫切萨拉伊的喷泉》《罗密欧与朱丽叶》《天鹅之死》等。

乌兰诺娃的舞蹈极具艺术特色，她用优美的舞姿和轻盈的舞步追逐角色的内心世界，在芭蕾舞剧《吉赛尔》中的一场舞蹈表演，被公认为她悲剧艺术的顶峰。

俄罗斯作家阿·托尔斯泰称其为"非凡的女神"。俄罗斯著名电影艺术大师爱森斯坦曾这样评价乌兰诺娃："她强大无比，她是艺术的灵魂。她本身就是诗，就是音乐。"

中国现代诗人艾青观看了乌兰诺娃的表演后创作新诗如下：

给乌兰诺娃
——看芭蕾舞《小夜曲》后作

像云一样软，
像风一样轻，
比月亮更明亮，
比夜更宁静——
人体在太空里游行；

不是天上的仙女，
却是人间的女神，
比梦更美，
比幻想更动人——
是劳动创造的结晶。